La triple presencia
Cuidados, empleo y participación sociopolítica

MARINA
SAGASTIZABAL

Prólogo:

JULE
GOIKOETXEA

LA TRIPLE PRESENCIA

CUIDADOS, EMPLEO Y PARTICIPACIÓN SOCIOPOLÍTICA

Traducción:

IZASKUN
GOIENETXEA

EDICIÓN ORIGINAL
Hiruki gatazkatsua, Lisipe (Susa), 2020
PRIMERA EDICIÓN DE TXALAPARTA
Marzo de 2024

© DE LA EDICIÓN: Txalaparta
© DE LA OBRA: Marina Sagastizabal
© DEL PRÓLOGO: Jule Goikoetxea
© DE LA TRADUCCIÓN: Izaskun Goienetxea

EDICIÓN: Ane Eslava

EDITORIAL TXALAPARTA S.L.L.
San Isidro 35
31300 Tafalla NAFARROA
Tfno. 948 703 934
info@txalaparta.eus
www.txalaparta.eus

ISBN
978-84-19319-89-0

DEPÓSITO LEGAL
NA. 289-2024

DISEÑO DE COLECCIÓN Y CUBIERTA
Esteban Montorio

MAQUETACIÓN
Amagoia Arrastio Ágreda

IMPRESIÓN
Gráficas Iratxe
Polígono Agustinos, calle M, 5
31160 Orkoien – Navarra

Índice

Prólogo

Jule Goikoetxea

EN ESTE LIBRO, MARINA SAGASTIZABAL nos habla de la influencia que tiene el trabajo que realizan las mujeres en su participación política. *La triple presencia* nos habla sobre una cuestión que está últimamente en boca de todas: el conflicto capital-vida.

¿Qué consecuencias tiene organizar nuestras vidas en base al capital? Es más, ¿qué consecuencias tiene para las mujeres el hecho de que un tercio y, en muchos casos, la mitad del trabajo que realizan sea de forma gratuita? ¿Por qué trabajan las mujeres de forma gratuita? ¿Por qué tienen menos ingresos que los hombres a pesar de trabajar más? ¿Por qué la participación de las mujeres en política es menor, esporádica, breve y más difícil? ¿Por qué crían ellas a las futuras generaciones? ¿Se privatiza aquello que hacen las mujeres o hacen las mujeres aquello que hay que hacer de forma privada? ¿Qué es consecuencia de qué? ¿A quién beneficia este sistema? ¿Es un único sistema?

La autora no tiene intención de responder a todas estas preguntas, pero ese es el objetivo del sugerente libro que tenemos entre nuestras manos: generar preguntas.

Para poder entender el funcionamiento de un sistema, hay que tener en cuenta muchos factores. Por ejemplo, para saber cómo funciona el capitalismo, una de las cosas que se debe hacer es «seguir el recorrido del dinero». Se sigue al dinero para saber quiénes son los beneficiarios de este sistema. Sucede lo mismo con el patriarcado, el colonialismo y el racismo: ¿quién sale victorioso y quién perjudicado? Para conocer las bases de un sistema de dominación, hay que analizar la producción y distribución del poder que posee ese sistema: ¿quiénes salen fortalecidos y quiénes debilitados? ¿Quiénes obtienen mayor bienestar? ¿Quiénes tienen más tiempo? ¿En base a qué tienen algunos la capacidad de decidir sobre el uso de ese tiempo? ¿Tienen acaso características comunes los que salen fortalecidos o privilegiados?

Este debería ser, en realidad, el objeto de todo libro: ayudar a la lectora a formular las preguntas adecuadas.

La triple presencia explica que el trabajo remunerado es un trabajo mercantilizado, un trabajo que genera poder, ya que no solo genera ingresos, sino también poder social y prestigio. Sin embargo, los trabajos de hogar y de cuidados son trabajos que realizan las mujeres sin remuneración alguna, no generan poder alguno, y, cuando se mercantilizan, tienden a estar muy mal pagados, convirtiendo la precariedad en característica de la mayoría de las mujeres. Por último, encontramos un tercer elemento que entra en discordia: estos dos tipos de trabajo –el remunerado y el realizado de forma gratuita– también influyen en la participación política de las mujeres. Sagastizabal nos muestra claramente que las mujeres tienen mayor carga de trabajo, porque trabajan más que los hombres, lo que les deja menos tiempo, y el tiempo que les deja es un tiempo fragmentado y más precario para hacer política y ocupar el espacio público. Eso es, en definitiva, lo que varias autoras nos han enseñado desde hace tiempo, no solo Mies, Federici, Hartmann, Delphy, Moreno o Haug, sino también las que tenemos entre nosotras. Como la obra de María Rodó, que nos muestra las dificultades que tenemos para tomar las calles; o la de Zuriñe Rodriguez y Oihana Etxebarrieta, donde se analizan las consecuencias que la lucha armada, es decir, la entrada en un espacio político concreto, supone para las mujeres. También Eider Rodríguez y Uxue Alberdi, en sus libros para la colección LISIPE de Susa, *Idazleen gorputzak* y *Kontrako eztarritik*, han analizado lo que sucede en el ámbito cultural, que es también parte del espacio público: la primera, en el ámbito de la literatura, y la segunda, en el del bertsolarismo. Contamos también con el reciente estudio del Grupo Feminista BIBA, *Democracia Patriarcal* (editado en esta misma casa), que aborda, entre otros, algunos de los fenómenos que se analizan en el libro que tenéis entre manos. Todas ellas llegan a la misma conclusión: la socialización de las mujeres y las prácticas que configuran su día a día, incluida la vida laboral y familiar, limitan su participación cultural y política, lo que repercute directamente en el escaso poder económico de las mujeres, así como en sus ingresos económicos, pero también en la devaluación de su capital social, cultural, político y simbólico. Y es que la situación estructural de las mujeres se debe a decisiones tomadas por los hombres que sí pueden hacer política, y para poder cambiarla es imprescindible conquistar el lugar privilegiado que ellos ocupan en la participación política y pública. Sin embargo, eso es precisamente lo que las mujeres no pueden conseguir: una participación política y pública duradera que permita cambiar su opresión estructural.

La cantidad de referencias que recoge Sagastizabal deja de manifiesto que se trata de un tema multidimensional que no se puede abordar en un solo libro. Pensar entre todas significa también leer y dar visibilidad a aquello que escribimos y hacemos las mujeres.

Introducción

Eskerrik asko, Gorka Setien, zure eskuzabaltasunagatik, zeruak izar berri bat du.

ESTE LIBRO[1] SE ENMARCA EN EL CONTEXTO de una investigación[2] más amplia, desarrollada durante cuatro años. Sin embargo, esta vez, intentaremos resumir en palabras sencillas y cercanas los conceptos principales de la investigación. Las ideas que encontrarás en las próximas líneas se han ido desarrollando a lo largo de los años: en algunos casos, encontrarás ideas recogidas de autoras de aquí y de allí; en otros,

1. Quiero dar las gracias a Joxean Sagastizabal por sus labores de corrección en el texto original; a Matxalen Legarreta, por sus comentarios en torno a los contenidos; y a Haize Nuñez, por sus comentarios sobre los contenidos jurídicos.

2. En concreto, debemos situar este trabajo en el contexto de una tesis doctoral. Dirigida por Matxalen Legarreta Iza (EHU-UPV) y Teresa Torns Martín (UAB) y financiada por el Ministerio de Educación, Cultura y Deporte. El título original es: «La triple presencia. Estudio sobre el trabajo doméstico-familiar, el empleo y la participación sociopolítica».

reflexiones compartidas y debatidas durante el periodo de investigación con otras colegas y, en la mayoría de los casos, ideas compartidas y reflexionadas junto con compañeras del movimiento popular. Son ideas y conceptos en movimiento, escritas por mí misma, pero basadas en las aportaciones de muchas otras. A través de este libro queremos que estas reflexiones lleguen a más personas y sigan en movimiento.

Hablaremos sobre la triple presencia, un concepto ligado a la vida cotidiana, que se basa en la articulación de tres dimensiones que se cruzan en nuestro día a día: el trabajo de hogar y de cuidados, el trabajo remunerado y la participación sociopolítica. Precisamente, veremos cómo a lo largo de nuestro ciclo vital estas tres esferas nos atraviesan; también podremos observar si estos tiempos se conjugan, o si entran en conflicto; analizaremos qué estrategias desarrollamos para hacer malabares con estos tres ámbitos; asimismo, conoceremos las experiencias de quienes encarnan el conflicto capital-vida, lo que nos servirá como punto de partida para soñar otro mundo.

El texto se divide en tres partes. En la primera parte, explicaremos cuál es el origen de la triple presencia, después trataremos la cuestión del tiempo y, a continuación, ampliaremos la mirada y nos centraremos, entre otras cuestiones, en las cadenas globales de cuidados. En la segunda parte, explicaremos la propuesta de la triple presencia y analizaremos cómo se relacionan la participación sociopolítica y la sostenibilidad de la vida; después, analizaremos las vivencias y experiencias de varias protagonistas que encarnan la triple presencia. Por último, en la tercera y última parte, dirigiremos la mirada hacia la utopía.

1.

El origen: la *doppia presenza*, una realidad doblemente compleja

EN LA DÉCADA DE LOS OCHENTA, varias sociólogas italianas[3] pusieron nombre a una situación presente desde hacía tiempo: la *doppia presenza*. Describieron la realidad de las mujeres trabajadoras[4] a través de la «doble presencia», poniendo sobre la mesa la carga de trabajo y la falta

3. Ver Laura Balbo (1994) y Franca Bimbi (1999).

4. A lo largo del libro, cuando hablamos de mujeres y hombres, no lo hacemos desde un punto de vista esencialista. Al igual que ocurre con muchas de las realidades sociales que analizamos en sociología, estas dos categorías son realidades sociales construidas a lo largo de la historia, por lo que no son naturales (ni biológicamente ni culturalmente). El uso de estas categorías no es neutral: a pesar de ser conscientes de que son instrumentos para mantener el patriarcado, la heteronorma y el binarismo, en este trabajo se utilizan como categorías que nos sitúan social y estructuralmente en una posición determinada.

de tiempo que suponía tener que trabajar tanto dentro como fuera del hogar.

Por supuesto, para entonces las mujeres ya estaban presentes en el mercado laboral. Históricamente realizaban labores productivas y reproductivas en los caseríos en el ámbito rural y, posteriormente, con la industrialización, a pesar de la división entre el hogar y el ámbito productivo, muchas mujeres se desplazaron del campo a las ciudades. Allí trabajaban principalmente como criadas o en fábricas (en el sector textil, por ejemplo)[5].

El desarrollo de la industrialización supuso una rígida división entre el hogar y la fábrica: en el hogar se realizarán los trabajos necesarios para el bienestar (trabajos reproductivos: el cuidado de criaturas, personas adultas y mayores, tareas del hogar...), y en cambio, en la fábrica, los trabajos productivos. Para las mujeres de aquella época, ambos trabajos serán difíciles de combinar, ya que se convertirán en dos ámbitos de trabajo diferenciados y contrapuestos.

---

5. Para acercarnos a la historia de las mujeres de Euskal Herria ver Agirrezabala y Amuriza (2001).

Silvia Federici (2017) describe las estrategias de las madres inglesas de clase trabajadora para compaginar los trabajos en las fábricas o talleres y los trabajos de cuidados: muchas daban opio a sus criaturas para que durmieran durante las largas horas de trabajo. Con el tiempo, para acabar con esta incompatibilidad, tanto los hombres de clase trabajadora como los gobiernos y empresarios iniciarán campañas con el objetivo de expulsar a las mujeres de las fábricas. Así, según explica la historiadora Joan Wallach Scott (1993), la figura de la mujer trabajadora se convertirá a lo largo del siglo XIX en una figura «problemática» y la idoneidad de su trabajo será objeto de debate. Los hombres obreros comenzarán a reivindicar un «salario familiar», esto es, la obtención de un salario suficiente como para mantener a toda la familia (esposa y criaturas). Los empresarios, en cambio, se darán cuenta de los beneficios que suponen los trabajos realizados por las mujeres en el hogar, ya que garantizan el bienestar de los trabajadores, así como el cuidado y la educación de la futura mano de obra. Varias autoras señalan la contradicción que existía detrás de la actitud de estos trabajadores: en lugar de pensar en la unidad de la clase obrera y de luchar por salarios dignos para todas las personas, muchos defendieron la expulsión de las mujeres de los centros de producción (Hartmann, 1980); de hecho, los trabajadores que no se adhirieron a esta línea fueron la excepción (Perrot, 1990).

Por ello, para la mitad del siglo XIX, el «salario familiar» se extenderá a la mayoría de la clase obrera (Nash, 1993). De este modo, se establecerá un nuevo régimen de género, que en palabras de Carole Pateman (1995) se convertirá en el moderno «contrato sexual»: un modelo familiar formado por «hombres ganadores de pan» y «amas de casa». Uno traerá el sueldo a casa y la otra realizará tanto tareas domésticas y de cuidados como tareas afectivo-sexuales. Así se perpetuará el mito de la media naranja y del amor romántico, base económica de la heterosexualidad como régimen político: el matrimonio entre patriarcado y capitalismo.

Pongamos un ejemplo: según la estimación que realiza la Cuenta Satélite del Trabajo Doméstico del Eustat (Instituto Vasco de Estadística), en 2018 los bienes y servicios producidos y no pagados en los hogares de Araba, Bizkaia y Gipuzkoa alcanzaron un valor de 21.296 millones, lo que supone el 27,7 % del Producto Interior Bruto. En lenguaje marxista, podríamos decir que el sistema de producción capitalista sacó una plusvalía de 21.296 millones euros de los bienes y servicios que se producen en los hogares. Por lo tanto, que las mujeres realicen todo este trabajo de forma gratuita, por amor y por obediencia a las normas de género, es un negocio redondo para el capitalismo. Lo que está claro es que las dos mitades de la naranja no se sitúan al mismo nivel: una tiene un reconocimiento económico y social; la otra, en cambio, no.

Pero debemos matizar: a lo largo del siglo XIX, la clase trabajadora, liderada por los hombres, libró duras batallas para que su trabajo tuviera reconocimiento, para mejorar sus condiciones laborales y, en general, para acabar con la explotación capitalista. Se fomentó la conciencia de clase, se desarrolló un fuerte sentimiento colectivo y se llevaron a cabo luchas importantísimas. De esta manera, tuvimos la oportunidad de conocer las revoluciones socialistas a lo largo del mundo que tuvieron su reflejo también en el desarrollo del estado de bienestar en varios países occidentales. Este modelo se ha conocido como el pacto entre el «capital» y el «trabajo»: algunos sectores de la clase obrera renunciarán a llevar hasta el fin la revolución socialista, y el Estado (y los empresarios), a cambio, mejorarán las condiciones de trabajo y pondrán en marcha medidas de reparación de los daños generados por el capitalismo. Así, se desarrollará un nuevo modelo de ciudadanía[6] que garantice los derechos sociales.

No obstante, se establecerán tres condiciones de acceso a los derechos de ciudadanía: la nacionalidad, el empleo formal y el matrimonio. El «hombre ganador de pan» antes mencionado será el ciudadano ideal y toda persona ajena a ese modelo será considerada ciudadana de segunda: mujeres, personas no-nacionales, y aquellas que están fuera del esquema de la familia nuclear tradicional. Asimismo, el estado de bienestar tendrá tres ámbitos principales de producción del bien social: el Estado, el mercado y la familia. La familia será el principal agente generador de bienestar, sobre todo en los Estados con un modelo de bienestar «fami-

6. Se ha optado por utilizar las palabras *ciudadanía* y *ciudadana*, en este caso, para referirse al modelo hegemónico, ya que este tiene como base la ciudad.

liarista» (Estado español, Italia, Grecia, Portugal...) y, por supuesto, también en Hego Euskal Herria[7].

Según este modelo, la función de las familias es velar por el cuidado y bienestar familiar, por lo que *de facto* no se desarrollarán servicios públicos de cuidados, y en caso de concederse ayudas, se promoverá la contratación dentro del hogar de un miembro de la familia o de otra persona a través del mercado. Un claro ejemplo de ello es la Ley española 39/2006, conocida como «Ley de Dependencia». Lo que las italianas describieron como *doppia presenza* es, por tanto, una realidad propia de los modelos de bienestar familiaristas.

---

7. Si bien la realidad que se analiza en este libro es generalizable a todo Euskal Herria y a otros contextos, los datos expuestos se centran en Hego Euskal Herria. La razón de ello es que el régimen de cuidados es distinto; la separación de Euskal Herria entre dos Estados también conlleva que las políticas sociales y los servicios vinculados con los cuidados sean diferentes: en Hego Euskal Herria coinciden con un modelo de bienestar mediterráneo y familiarista, en el que los servicios públicos de cuidados apenas se han desarrollado. La realidad de Ipar Euskal Herria, sin embargo, coincide con un modelo corporativo y tiene otras características. Para más información se puede consultar la radiografía del régimen de cuidados de Euskal Herria realizada por Bilgune Feminista: https://www.bilgunefeminista.eus/eu/zaintza-erregimenaren-erradiografia-bat [07/02/2024].

En otros contextos también han analizado este mismo fenómeno: por ejemplo, en Estados Unidos lo han denominado *second shift* (Hochschild y Machung, 2003) o doble jornada. Asimismo, la socióloga cubana Marta Núñez (2011) analizó la doble jornada de las mujeres cubanas y destacó su importante papel en el mercado laboral; señalaba que la revolución socialista había fomentado la participación de las mujeres en el mismo, pero poniendo de manifiesto que la implicación de los hombres en los trabajos de hogar y de cuidados no se había potenciado tanto.

En nuestro contexto, para cuando empezó a desarrollarse el estado de bienestar, este entró en crisis. En 1989 cayó el Muro de Berlín y Margaret Thatcher y Francis Fukuyama anunciaron que «la sociedad había muerto» o había llegado «el fin de la historia»; es decir, que el capitalismo había ganado la hegemonía mundial y ya no había razones para mantener el estado de bienestar, ya que los temores a la revolución socialista habían desaparecido. De este modo, el neoliberalismo cobrará fuerza y golpeará duramente a los pueblos del Sur global, al tiempo que se producirán notables retrocesos en el bienestar del Norte global: recortes de derechos sociales, flexibilización del mercado laboral, privatización del sector público, mercantilización ilimitada...

En este contexto neoliberal, la presencia de las mujeres en el mercado laboral comenzará a impulsarse y con ello empezarán a desarrollarse las políticas de conciliación. Como ya se ha mencionado anteriormente, la mano de obra barata de las mujeres ha sido necesaria para la acumulación de capital en las distintas fases del capitalismo. En la primera etapa de la industrialización, a partir de la segunda mitad del siglo XVIII, mujeres, niños y niñas trabajaban en las fábricas. En la actualidad, se pretende impulsar la mano de obra de las mujeres bajo la estrategia de «activación» del mercado laboral. Por tanto, que no nos engañen: tenemos que entender que las políticas de conciliación dentro de la estrategia «activadora» de la economía de la Unión Europea no nacieron para fomentar la igualdad, sino para aumentar la producción.

Las sociólogas italianas se dieron cuenta de esto rápidamente y denunciaron que el aumento de la presencia de las mujeres en el mercado laboral no había supuesto dejar de lado el trabajo de hogar y de cuidados. Promover la participación de las mujeres en el mercado laboral, sí, pero sin cuestionar la división sexual del trabajo. Esa es la filosofía de las políticas de conciliación. Según estas políticas, la conciliación de la vida familiar y laboral es una «responsabilidad individual» de las mujeres, por lo que estas deben llevar a cabo una doble carga de trabajo, y convertirse en protagonistas de la *doppia presenza,* como dirían las italianas. De hecho, esta situación no es la mera suma de dos trabajos, ya que ambos deben desarrollarse simultáneamente y en espacios diferentes, lo que supone saltar pasando continuamente de un espacio a otro y de una preocupación a otra. La simultaneidad y el choque de diferentes lógicas temporales caracterizan la realidad de la *doppia presenza.* Las mujeres viven en sus cuerpos y en el día a día el conflicto capital-vida. Además, debemos tener en cuenta que estas dos lógicas no son compaginables, no se pueden conciliar, son incompatibles. Sin embargo, las mujeres tienen la obligación de compaginarlas en sus vidas diarias, ya que la vida debe continuar y, para ello, alguien debe sostenerla.

Todo esto tiene un impacto directo en las vidas de las mujeres: estrés, ansiedad, sobrecarga de trabajo, privación de tiempo personal, carga mental, choques y desequilibrios en los ritmos biológicos... Según las sociólogas italianas, las mujeres en la *doppia presenza* no tienen tiempo para nada que vaya más allá del desarrollo de estos dos trabajos.

Desde el principio, por tanto, el tiempo será una pieza clave.

2.

El tiempo: un elemento clave de la triple presencia

POCAS VECES NOS HEMOS PREGUNTADO qué es el tiempo, porque simplemente lo hemos dado por supuesto, como si fuera algo natural. El reloj nos ha acompañado desde la infancia: colgado en la pared de la cocina, ha guiado los ritmos de nuestros hogares. El reloj es una herramienta para sincronizar nuestras vidas sociales, una forma de organizar la sociedad. Pero no es la única.

La organización del tiempo no es natural, ni tampoco neutra. El reloj nos muestra un tiempo abstracto y lineal a través de la sucesión de horas, minutos y segundos. Cuando decimos que el tiempo es abstracto nos referimos a que está alejado del contexto, tanto espacial, como social y político. Pero no siempre ha sido así: el reloj nace junto al desarrollo del capitalismo, durante la industrialización.

Antes de la invención del reloj, se utilizaban otros tiempos para organizar la vida cotidiana: por ejemplo, el sol podía indicar en qué momento del día estábamos. También predominaban los ritmos ligados a la agricultura: los ligados a la naturaleza y, especialmente, a la cosecha. Así lo demuestran las acepciones en euskera de los meses: *urtarrila* (mes nuevo del año), *ilbeltza* (mes negro) o *izotzila* (mes del hielo), para enero; *maiatza* u *ostoila* (mes de las hojas), para mayo; *uztaila* (mes de cosecha) o *garila* (mes del trigo), para julio; y *neguila* (mes del invierno) o *loila* (indica que la semilla duerme), para diciembre, entre otros.

Los ritmos de la naturaleza tienen relación con las estaciones y con los ciclos de la tierra en general, por lo que son ritmos cíclicos que se repiten constantemente. Por ello, en las épocas en las que el reloj no existía, el tiempo y el espacio eran inseparables y las acepciones del tiempo tenían un sentido espacial: expresiones como *próximo, lejos, cerca...* reflejaban el sentido del tiempo. Los ritmos biológicos también son cíclicos, los ritmos fisiológicos están sincronizados con la naturaleza: con la luz del sol el ritmo se activa y con la noche, sin embargo, se tranquiliza. La actividad y el descanso son imprescindibles para el buen funcionamiento fisiológico.

Más allá de los ritmos de la naturaleza, las campanas de la iglesia también han guiado los ritmos de la vida social. Junto con la imposición del cristianismo, las campanas informarán de la organización del tiempo basado en la religión cristiana: señalarán la hora para ir a misa, así como los días de fiesta y los ritos según el calendario cristiano. En este sentido, las campanas daban cuenta de momentos significativos de la vida comunitaria: celebraciones, fiestas, catástrofes, guerras...

Junto al desarrollo del comercio, las campanas empezaron a utilizarse para organizar la vida del pueblo o la comunidad en función de los ritmos del mercado y la producción. Como bien explicó Barbara Adam (1995), el tiempo del reloj se vincula a la industrialización y al desarrollo del capitalismo. Siguiendo la lógica de la acumulación y la rentabilidad económica, el tiempo se convertirá en dinero. Así, producir más en el menor tiempo posible se vuelve prioritario, es decir, se refuerza el principio de «tiempo = dinero». De esta forma, los ritmos de nuestra vida, los ritmos sociales, los ritmos biológicos, se someterán a las necesidades de la producción y el desarrollo de la tecnología será un aliado fundamental para lograr ese objetivo. Gracias a la luz artificial será posible trabajar de noche, las máquinas y las cadenas de montaje permitirán acelerar la producción y reducir los descansos, la producción ininterrumpida será posible, etc. El descanso se convertirá en un «tiempo perdido», esto es, un tiempo que no hemos dedicado a la producción.

Varias autoras (Thompson, 1979; Adam, 1995; Martin Criado y Prieto, 2015), han destacado que las luchas del movimiento obrero durante la industrialización se centraron fundamentalmente en la adquisición del control sobre el tiempo; dicho de otro modo, que fueron luchas por la soberanía del tiempo. Desde un punto de vista macro, las luchas por cambiar el rumbo de la historia y adueñarse del futuro dieron paso a la revolución; mientras que desde un punto de vista micro, se intentó conseguir unas condiciones de trabajo dignas y reducir los tiempos de producción. Ambas dos, luchas por recuperar la soberanía del tiempo.

En el contexto del desarrollo del estado de bienestar se pusieron en marcha una serie de medidas relacionadas con el tiempo que mejoraban las condiciones laborales, de las cuales nació el modelo 8+8+8: ocho horas para trabajar en el mercado laboral, ocho horas para el ocio y ocho horas para el descanso. Asimismo, se regularon los ciclos de vida: la infancia y la juventud destinadas a la formación, la edad adulta al mercado laboral y la vejez a la jubilación.

Por tanto, de esta manera desaparecerán de nuestros ritmos cotidianos y de nuestro ciclo de vida los tiempos ligados al trabajo de hogar y de cuidados. La desaparición de estos tiempos, en cambio, no significa que los trabajos para sostener las vidas no se vayan a llevar a cabo. Sin embargo, todo esto solo será posible reforzando el modelo de familia que promueve el estado de bienestar: la familia nuclear heterosexual formada por las figuras de «hombre ganador de pan» y «ama de casa». Como hemos dicho previamente, un pilar fundamental del estado de bienestar es el ciudadano ideal y con derechos: un hombre blanco, nacional y heterosexual con empleo formal. Todo lo que queda fuera será relegado a una posición subalterna.

En este sentido, podemos afirmar que los tiempos cotidianos y el ciclo de vida están divididos según el género: el objetivo de uno es orientar su vida hacia el mercado laboral, y el de la otra, en cambio, orientarla a la familia. Si los ritmos de vida de uno están ligados a la producción, los ritmos de la otra, a la reproducción.

Es por ello que, sobre todo en los estados de bienestar familiaristas, la participación de las mujeres en el mercado laboral ha sido muy reducida, tal y como han demostrado a lo largo de los años los datos de desempleo[8] y/o condiciones laborales de las mujeres; el desempleo ha sido muy alto y la mayoría de empleos han sido temporales o parciales. Por tanto, el estado de bienestar, representado además como una sociedad de «pleno empleo», solo ha garantizado derechos a determinados ciudadanos. Por ejemplo: todas las personas no-nacionales

8. Según datos del INE, de 1996 a 1999 la tasa de desempleo de las mujeres duplicaba e incluso triplicaba la de los hombres en todo Hego Euskal Herria. Por ejemplo, la tasa de desempleo en de las mujeres en 1996 era del 30 % (EAE) y 19 % (Nafarroa) y las de los hombres, del 16 % y 9 %, respectivamente. A partir de ese año, la diferencia va disminuyendo paulatinamente y, por primera vez, en 2010 se igualan las tasas de desempleo de mujeres y hombres: en Araba, Bizkaia y Gipuzkoa, la de ellas era del 12 % y la de ellos 10,5 %, y en Nafarroa, del 11 % y 13 %, respectivamente. Debido al impacto de la crisis económica, incluso la tasa de los hombres supera por primera vez la de las mujeres, y en ese momento el desempleo comienza a ser una preocupación social. Los años anteriores no había habido tal preocupación, a pesar de las escalofriantes tasas de desempleo femenino.

quedarán excluidas de derechos tanto sociales como políticos[9], los proyectos de vida al margen del modelo de familia nuclear heterosexual no serán reconocidos ni tendrán derechos, y los derechos de las mujeres que se integran en la familia nuclear serán derechos obtenidos del marido (por ejemplo, las pensiones).

A partir de la década de 1990, se promovió la participación de las mujeres en el mercado laboral, y al mismo tiempo, en la Unión Europea se desarrollaron políticas neoliberales como la desregularización del mercado laboral, la flexibilización de las jornadas laborales y, en general, la privatización de los servicios públicos. Por tanto, las mujeres no accederán a un mercado laboral estable y protegido, sino al mercado laboral liderado por la agenda neoliberal. Podríamos, por tanto, pensar que, de nuevo, el capitalismo pretende en esta fase aprovecharse de la mano de obra barata de las mujeres para seguir acumulando riqueza.

---

9. Yasemin Soysal (2010) afirma que se han creado distintos modelos de ciudadanía en base al origen. Un modelo corresponde a las personas consideradas nacionales y derechohabientes, *citizenship* en inglés. El otro, en cambio, a las personas con derechos restringidos en base a su empadronamiento; se trata de la *denizenship*, es decir, la ciudadanía considerada de segunda categoría por su residencia.

3.

Ampliando la mirada: las cadenas globales

EL ANÁLISIS DE ESTA OBRA HACE REFERENCIA, principalmente, a la realidad de Euskal Herria y, en particular, a la realidad de Hego Euskal Herria. Sin embargo, no se trata de un fenómeno aislado, sino que podemos encontrarlo en otros contextos. Para entenderlo en su totalidad es imprescindible ampliar la mirada y relacionarlo con otros procesos. Para empezar, la industrialización y el desarrollo del estado de bienestar del que hablamos no se pueden entender sin dirigir la mirada hacia el Sur global.

Siguiendo la obra de Marx, Silvia Federici señala (2017b) que detrás de la industrialización y el desarrollo del capitalismo hay tres procesos: el primero, la eliminación de las tierras comunales, las propiedades y los saberes colectivos locales; el segundo, el establecimiento de un férreo control sobre los cuerpos de las mujeres; y el tercero, la colonización de los pueblos del Sur.

El primer y el segundo proceso, en el caso Euskal Herria, supusieron el menosprecio del medio rural, la persecución del euskera y la represión contra las mujeres. Así, el euskera se convirtió en la lengua del diablo; se eliminaron y cristianizaron los saberes y ritos populares; muchas personas, y, en concreto, muchas mujeres, fueron quemadas bajo la acusación de ser brujas (en Sara, Zugarramurdi, Durango... son muchos los ejemplos que nos rodean).

El tercer proceso, en cambio, supone la explotación de los recursos naturales de los pueblos del Sur y la eliminación de las personas y las culturas. Un ejemplo: Benecio Quispe, indígena aimara de Bolivia y exrector de la Universidad Indígena Aimara (UNIBOL), explicó a la brigada internacionalista vasca que visitó Bolivia en 2017 cómo con todo el oro y la plata que el imperialismo español había robado del monte Potosí sería posible construir desde allí un puente hasta Madrid. Por tanto, podemos concluir que el «desarrollo» de los pueblos del Norte ha supuesto la colonización y la miseria de los pueblos del Sur. En la mayoría de los casos, a pesar de que con el tiempo los pueblos colonizados iniciaron y ganaron las guerras de independencia, estos procesos de colonización aún no han terminado, ya que a día de hoy siguen presentes en numerosos lugares: mediante golpes de Estado (Bolivia, Brasil); a través de autoridades que salvaguardan los intereses de los Estados Unidos y, por tanto, los intereses de las multinacionales (Colombia, Chile, Honduras, Ecuador); a través de guerras que tienen como objetivo robar recursos materiales (República Democrática del Congo, Mali, Irak, Afganistán, Siria...). La colonización de los pueblos del Sur y la explotación de sus recursos han puesto en marcha procesos migratorios de Sur a Norte que han hecho imposible desarrollar proyectos de vida dignos en el Sur.

Estos tres procesos fueron indispensables para poder reforzar el capitalismo, el patriarcado y el racismo. Estas tres estructuras, a pesar de tener un origen mucho anterior a la triple presencia, siguen reflejándose en la actualidad, con otras formas, quizás, pero con el mismo fondo.

Vinculando estos procesos, podríamos decir que en la actualidad, como señala la economista Amaia Pérez Orozco (2011), nos encontramos frente a una crisis multidimensional: una crisis ecológica mundial, una crisis reproductiva profunda en los pueblos del Sur y una crisis de cuidados en los pueblos del Norte.

La crisis ecológica es una crisis caracterizada por los choques temporales (Riechmann, 2001); dicho de otra forma, la aceleración de los ritmos que supone el desarrollo del capitalismo global ha dado lugar a enormes choques entre los ritmos de la producción y los de la naturaleza. De hecho, todas las materias son biodegradables, pero para ello se necesitan largos periodos de tiempo. En cambio, el consumismo salvaje que promueve el capitalismo no deja tiempo suficiente para la biodegradación de las materias. Por ello, la transformación del modelo de producción y consumo y la desaceleración de los ritmos son imprescindibles para hacer frente a esta crisis.

La crisis reproductiva y la crisis de cuidados, sin embargo, tienen características diferentes en los pueblos del Sur y en los del Norte. En los primeros, las multinacionales explotan y roban recursos naturales para que estos sean consumidos en los pueblos del Norte, a menudo mediante guerras (el petróleo es un claro ejemplo de ello), lo que impide desarrollar proyectos de vida en los pueblos del Sur. En los segundos, la crisis de cuidados se debe a diversos procesos: los cambios demográficos (prolongación de la esperanza de vida y disminución de la tasa de natalidad), la participación de las mujeres en el mercado laboral, la privatización de los servicios públicos, la mercantilización de los derechos, el desmantelamiento del modelo de bienestar y el mantenimiento de la división sexual del trabajo, entre otros. En definitiva, todos estos factores suponen un aumento de las necesidades de cuidado; sin embargo, no se ha producido ninguna reorganización para satisfacerlas: no se han desarrollado servicios públicos de cuidados, no se ha anulado la división sexual del trabajo, no se han colectivizado estos trabajos... La falta de regulación del mercado laboral y la reducción de los servicios públicos no han hecho más que concentrar nuevamente las tareas de cuidados en el ámbito familiar: las familias se han convertido en el «colchón salvavidas» del sistema, a costa de las mujeres que forman parte de la familia nuclear.

Podemos comprobarlo atendiendo a los datos. Según las Encuestas de Presupuestos de Tiempo del Eustat, en épocas de crisis económica (1998 y 2013), teniendo en cuenta el tiempo medio del conjunto de la población, el tiempo dedicado a las tareas del hogar y de cuidados es mayor que el dedicado al mercado laboral. Por tanto, en esos años especialmente, los servicios y recursos que producen bienestar son, en mayor medida, los derivados de los hogares, en vez de los producidos en el mercado laboral (Legarreta y García Sainz, 2015).

Dicho de otro modo, cuando se retira una cama de un hospital, hay que poner una cama extra en las casas; además, seguramente, una mujer de la familia se hará cargo de la persona enferma que ocupa esa cama y, es más, será una mujer que trabaje tanto en el mercado laboral como en tareas reproductivas. Como hemos mencionado anteriormente, la Ley de Dependencia anima a esta mujer de la familia a abandonar su empleo y a realizar trabajos de hogar y de cuidados en casa a cambio de un salario. Además, entre los recortes que se llevaron a cabo bajo la excusa de la crisis económica derivada del estallido financiero del 2008, se vulneró el derecho a cotizar de esas cuidadoras[10]. La segunda opción que promueve la ley, y no por ello la menos utilizada, es la contratación de una mujer que no sea de la familia. Para algunas personas, aquí empezarán las cadenas globales de cuidados.

Para otras, en cambio, empiezan mucho antes. De hecho, entre quienes tienen una mejor posición en el mercado laboral, mercantilizar el trabajo de hogar y de cuidados ha sido una estrategia para la conciliación. Diversos estudios han demostrado que la mercantilización ha sido una opción muy utilizada para dar solución al conflicto que a menudo se manifiesta en las parejas heterosexuales (Agirre-Miguélez, 2014; González y Jurado-Guerrero, 2009): en lugar de estar discutiendo por la falta de implicación de los hombres, para muchas parejas contratar a otra mujer que haga estos trabajos es la vía más sencilla.

10. El Gobierno del PSOE en el Estado español dio el pistoletazo de salida a los recortes relacionados con la crisis económica. Posteriormente, el Gobierno del Partido Popular recortó entre un 15 % y un 30 % las prestaciones económicas para los cuidados en el entorno familiar recogidos en la Ley de Dependencia, y, además, eliminó la cotización a la Seguridad Social de las personas cuidadoras no profesionales.

Por otro lado, cabe señalar que la participación de las mujeres en el mercado laboral se ha potenciado, pero, al mismo tiempo, la implicación de los hombres en el hogar no ha aumentado, como demuestran los estudios basados en las Encuestas de Presupuestos de Tiempo, en muchos contextos (Gershuny, 2001; Sagastizabal y Luxán, 2015). En nombre de la igualdad, las políticas sociales promueven el modelo de dos «ganadores de pan», convirtiendo el modelo *breadwinner* en el de ciudadano ejemplar (Lewis, 2002). Por ello, en este momento tenemos dos «ganadores de pan» o, mejor dicho, «un ganador de pan y medio» (Flaquer y Escobedo, 2014) y estamos a falta de una «ama de casa» a tiempo completo que, en definitiva, ocupe ese lugar subalterno, el de *la otra*. En este contexto, a menudo, la contratación de otras personas para desarrollar las tareas de hogar y de cuidados fomenta la falta de implicación de los hombres en el ámbito doméstico. A su vez, esta estrategia mueve las relaciones de poder a otro lugar, manteniéndolas ocultas, silenciadas e inamovibles (Mestre i Mestre, 2002). Por tanto, se creará un nuevo contrato entre mujeres (Salazar, Jiménez y Wanderley, 2010), que aumentará las desigualdades entre ellas y mantendrá la división sexual del trabajo.

En la mayoría de los casos, serán las mujeres migradas las que lleven a cabo estas tareas de hogar y de cuidados, a través de una Ley de Extranjería basada en la discriminación que no deja más opción laboral que la explotación, una situación también agravada por un régimen especial del trabajo de hogar y de cuidados que no regula las relaciones laborales del mismo modo que en otros sectores laborales. Las cadenas globales de cuidado se forman de la siguiente manera: las mujeres dejan a las personas que cuidan en sus pueblos de origen y asumen las tareas de hogar y de cuidados que nadie quiere llevar a cabo en los pueblos del Norte. Todos los eslabones de las cadenas globales están constituidos por mujeres (Bofill, 2013). De esta forma, conoceremos nuevas situaciones de esclavitud en pleno siglo XXI en los pueblos «ejemplares y democráticos» del Norte, sobre todo en los contextos del cuidado de personas mayores. Por ello, Magdalena Díaz Gorfinkiel (2008) plantea la siguiente pregunta: ¿acaso no estamos construyendo las estrategias de conciliación de unas sobre la imposibilidad de conciliación de las otras? Y podríamos añadir, desde una perspectiva temporal: ¿acaso estas estrategias de recuperación del tiempo de unas no se basan en el robo del tiempo de otras? Las cadenas globales son, pues, una dimensión importante de la triple presencia.

Veamos cómo se reparten las tareas de cuidados en la sociedad vasca. Teniendo en cuenta las áreas que producen bienestar, las tareas de cuidados se pueden distribuir entre el Estado (o la administración pública correspondiente), el hogar (o la familia), el mercado y la comunidad. Estas cuatro áreas constituyen el «diamante del cuidado» (Razavi, 2007). En el caso del Estado español, Cristina García Sainz (2016) calcula la siguiente distribución: el 86 % de las tareas de cuidados se realizan en el hogar o en el seno de la familia, mientras que el 14 % restante se realizan en otros ámbitos (51 % en servicios privados informales, 3 % en servicios privados formales, 37 % en servicios públicos y 9 % en la comunidad). Por lo tanto, en la actualidad la mayoría de las tareas de cuidados se realizan en el hogar o en la familia, seguidas de los servicios privados informales. Basándonos en el análisis de las Encuestas de

Presupuestos de Tiempo, podríamos decir que el contexto de Hego Euskal Herria[11] no es muy distinto (Sagastizabal y Luxán, 2015; Legarreta y Sagastizabal, 2020). Como subrayan los estudios, las desigualdades en el uso del tiempo pueden explicarse principalmente a través de la variable género; dicho de otro modo, esta variable determina en mayor medida el tiempo dedicado al trabajo de hogar y de cuidados, por encima de otras variables como la clase social, el origen o la sexualidad (Callejo y Prieto, 2015; Martell y Roncolato, 2016).

Como mencionaban las sociólogas italianas, una vez que las mujeres protagonistas de la denominada *doppia presenza* han cumplido todos estos quehaceres, no tendrán tiempo para nada más. Y mucho menos aún las mujeres que

---

11. Los datos de Eustat únicamente representan a la población de Araba, Bizkaia y Gipuzkoa. Sin embargo, a pesar de las limitaciones, es el único instituto de estadística que realiza desde el año 1998 una encuesta periódica para analizar los usos del tiempo, cada cinco años. Las Encuestas de Presupuestos o Usos del Tiempo son las únicas que permiten medir el trabajo doméstico y de cuidados no pagado que se realiza en los hogares. Los últimos datos de los que se dispone actualmente son de 2018, si bien pronto estarán disponibles los de 2023. Para el caso de Nafarroa, únicamente disponemos de los datos producidos por el INE, que hizo una encuesta en 2001 y otra en 2009, por lo tanto, es imposible poder realizar una comparación.

conforman las cadenas globales de cuidados. Entonces, ¿cómo impulsar una transformación, una revolución, cuando no tenemos tiempo para nada más? ¿Dónde quedan las oportunidades y los tiempos para ejercer los derechos civiles y políticos en este contexto?

4.

Propuesta de la triple presencia: participación sociopolítica y sostenibilidad de la vida

COMO SEÑALA LA POLITÓLOGA JUDITH ASTELARRA (1990), para las mujeres, combinar la vida laboral y política es una tarea muy difícil, ya que esto no solo supone una doble jornada (trabajo de hogar y de cuidados y mercado laboral), sino una triple jornada. Si las que protagonizan esa *doppia presenza* quieren ejercer su derecho a la participación sociopolítica tendrán que hacer frente a una triple presencia. Aquí es donde se sitúa el interés de investigar la triple presencia. Porque, ¿cuáles son las posibilidades de las mujeres para implicarse en la comunidad, en el barrio, en asociaciones o en un determinado movimiento? ¿Cuáles los obstáculos?

En el ámbito de las ciencias políticas, el análisis de la participación sociopolítica desde una perspectiva de género suele tener en cuenta dos dimensiones (Verge y Tormos, 2012): la primera, los límites que pueden generar la posición estructural propia de cada cual, y la segunda, las facilidades que puede ofrecer el propio movimiento o, todo lo contrario, las barreras u obstáculos que puede poner a la hora de participar. En el caso de la primera dimensión, se ha analizado el impacto de factores estructurales como la clase social, el género o la raza, entre otros. Por ejemplo, cuando no podemos cubrir nuestras necesidades más básicas, nuestro día a día se basará en desarrollar estrategias de supervivencia, por lo que será tremendamente difícil participar en otras actividades. Además, diversos estudios han señalado los efectos de la división sexual del trabajo en el uso del tiempo (Bittman y Wajcman, 2000; Bryson, 2007): los trabajos de cuidados que asumen las mujeres hacen que sea más difícil que empleen su tiemplo en hacer política y que incluso cuando tienen tiempo «libre», este se vea «contaminado» por tareas de cuidados. Es decir, en muchos casos, es tiempo de ocio que pasan con alguien que tienen a su cuidado, como criaturas y personas mayores.

Es más, hay estudios que muestran el impacto de los hitos del ciclo de vida hegemónico en la participación de las mujeres: por ejemplo, el matrimonio heterosexual disminuye la participación de las mujeres, pero, en el caso de los hombres, en cambio, la aumenta (Rotolo, 2000). Además, tener criaturas en este contexto hace que la brecha entre géneros sea mayor. A pesar de ello, a medida que las criaturas van creciendo, la participación de las mujeres aumenta, ya que, a menudo, se implican políticamente en espacios que tienen que ver, por ejemplo, con la escuela (*ibidem*).

Encontramos una pauta similar en el mercado laboral: al nacer las criaturas, los hombres dedicarán más tiempo al trabajo asalariado; y las mujeres, en cambio, menos. Ellas dedicarán mayor tiempo a los trabajos de hogar y de cuidados (Callejo y Prieto, 2015; Craig, 2002). Sin embargo, hay que señalar que esto no sucede en otros modelos familiares. El estudio de Michael Martell y Leanne Roncolato (2016), basado en el uso del tiempo, muestra que cuando hay criaturas, en comparación con los hombres heterosexuales, las parejas gais dedican 95 minutos más de media a los trabajos de hogar y de cuidados. Por otro lado, el estudio de Martin Eckho Andresen y Emily Nix (2019), centrado en la penalización de los salarios debido al cuidado de criaturas, muestra que entre parejas de lesbianas el tiempo dedicado al mercado laboral no disminuye a pesar de aumentar el tiempo dedicado a trabajos de hogar y de cuidados; y en el caso de que sucediera, la brecha salarial que puede existir entre las personas que forman la pareja, en este caso dos mujeres, con el tiempo, desaparece. No obstante, las lesbianas, en comparación con los hombres gais, muestran una mayor dedicación de tiempo tanto a trabajos de hogar como de cuidados. La razón de ello, según Martell y Roncolato (2016), puede deberse a la capacidad mercantilizadora; es decir, debido a la desigualdad de género que padecen las parejas lesbianas en el mercado laboral, tienen menor oportunidad de comprar los trabajos de hogar y de cuidados a través del mercado. Entre las parejas gais, sin embargo, es una práctica habitual, ya que acumulan ingresos económicos más altos. Además, para que las lesbianas puedan compaginar los tiempos del mercado laboral y los de los trabajos de hogar y de cuidados, se ven obligadas a reducir su tiempo de ocio (Martell y Roncolato, 2016); por tanto, podemos pensar que esto tiene un impacto directo en la participación sociopolítica.

Todo esto nos lleva a la segunda dimensión, es decir, la flexibilidad o rigidez de los movimientos a la hora de facilitar la participación de mujeres o lesbianas. En este caso, los estudios subrayan la diferencia entre el ámbito formal e informal de la política: cuanto más formal e institucionalizado sea el espacio, la presencia de las mujeres será menor; en cambio, cuanto más informal y cercano sea el espacio, esto es, cuanto más ligado esté a la vida cotidiana, la presencia de las mujeres será mayor (Stolle y Micheletti, 2006; Hernández, 2008; Coffe y Bolzendahl, 2010). No obstante, la mayoría de los estudios han prestado atención al espacio formal y, a menudo, han concluido que la participación de las mujeres es menor que la de los hombres. Pero la diferencia no reside tanto en la cantidad, sino en la cualidad: es decir, las mujeres no participan menos en algunos espacios, y más en otros; en la mayoría de casos, participan en espacios olvidados por estos estudios, espacios y tiempos tejidos por un hilo invisible (Hernández, 2008).

Si observamos a los datos del Eustat, por ejemplo, podremos ver que en el año 2018 las mujeres destinaron dos horas a la participación civil desinteresada y los hombres, en cambio, una hora y 51 minutos. En cuanto al trabajo voluntario realizado en una organización: las mujeres dedicaron dos horas y 13 minutos y los hombres, una hora y 41 minutos. En cuanto al tiempo dedicado a trabajos a través de una organización[12] (trabajo con la gente), mujeres y hombres dedicaron una hora y 58 minutos.

Las mujeres generalmente se implican en espacios relacionados con cuestiones de la vida cotidiana: necesidades básicas, escuela, cuidados... Son espacios más fáciles a la hora de conciliar los trabajos de hogar y de cuidados, ya que a menudo estas actividades serán una extensión de los mismos. Además, hay que tener en cuenta que las mujeres han sido socia-

12. El trabajo a través de una organización, según la definición que utiliza el Eustat, implica relacionarse directamente con la gente; el trabajo voluntario realizado en una organización, sin embargo, no. Además de eso, el indicador temporal utilizado en este caso es un tiempo medio estimado, es decir, «el tiempo medio que las personas estudiadas han dedicado a una actividad determinada; siempre y cuando, hagan esa actividad» (Iradi, 2015: 3).

lizadas como «apolíticas» (Neuhouser, 1995): la política es la lucha de los hombres para conquistar el poder; sin embargo, el deber de las mujeres es garantizar el bienestar de la familia y la comunidad; así pues, las realizadas por ellas no son consideradas como actividades políticas. Por tanto, como consecuencia de la socialización en base al género, mientras las mujeres participarán para buscar el bienestar de las demás personas, los hombres, generalmente, participarán con el objetivo de buscar su propio bienestar (Arneil, 2006). De este modo, las mujeres serán a menudo protagonistas de segunda en este ámbito, pues serán la *mujer de, madre de, hija de* o *novia de.*

Pero no convirtamos la participación en una dicotomía esencialista: son muchas las mujeres que participan en la Política escrita con mayúsculas, y, por ello, son castigadas socialmente por romper con el rol de género establecido para la feminidad. Son vistas como malas madres, esposas indecentes o mujeres mediocres y malvadas, no-mujeres. No se trata, por tanto, de concebir lo formal e informal como una dicotomía, sino de entender la importancia de tener en cuenta ambos aspectos.

Del mismo modo, en esta segunda dimensión, tenemos que observar las prácticas organizativas de los movimientos. La praxis organizativa de las asociaciones, organizaciones o movimientos es reflejo de las prácticas de los sujetos hegemónicos de cada lugar y, por tanto, a menudo, obstaculiza la implicación de aquellas personas en posición de subordinación, esto es, que sufren algún tipo de opresión. En este sentido, los estudios muestran que los valores ligados a la masculinidad son los más promovidos y aplaudidos en la mayoría de culturas políticas: liderazgo, eficacia, competitividad... Además, a menudo, en el contexto de las organizaciones, se generan redes informales que funcionan como espacios de poder y marginan a aquellas personas que se sitúan fuera de esas redes (Lovenduski, 2002). Tomarse algo después de una reunión y seguir debatiendo, por ejemplo, tomar o anular decisiones en espacios informales, todas ellas son prácticas de poder habituales que generan desigualdades. Estas prácticas, además, perjudicarán, sobre todo, a aquellas personas que realizan trabajos de cuidados.

Por último, hay que tener en cuenta el *tempo* que utilizamos en los movimientos. Luchamos contra el capitalismo en los mismos ritmos que el capitalismo y reivindicamos la vida con tiempos que no dejan margen para la sostenibilidad de la vida. En nuestras sociedades capitalistas y patriarcales, existen tiempos hegemónicos, los ligados al mercado laboral, principalmente; como hemos mencionado anteriormente, los ritmos de nuestras vidas y nuestro día a día están supeditados al mercado laboral. Esto borra los trabajos de hogar y de cuidados directamente del mapa. En el ámbito de los movimientos sociales, también se reproduce esta pauta hegemónica: los horarios de participación se rigen en base a la lógica del mercado laboral (por ejemplo, los horarios de las reuniones). Además, a menudo, actuamos con el mismo nivel de exigencia del mercado laboral: o se está al cien por cien, o no se está; por tanto, aquellas personas que no puedan seguir esos ritmos tan intensos se quedarán fuera de los procesos y tomas de decisión. Del mismo modo que el mercado laboral necesita «trabajadores champiñón»[13]

13. Así describe Amaia Pérez Orozco (2006) al trabajador champiñón: es el trabajador asalariado ideal, que sale de casa todos los días para acudir al trabajo, con el estómago lleno, lavado y planchado, que no se responsabiliza en el ámbito de los tra-

(Pérez Orozco, 2006), los movimientos necesitan «militantes champiñón» que no se implicarán ni responsabilizarán en los trabajos de cuidados. Serán militantes a jornada completa para luchar por la revolución. Pero la vida debe seguir, y para ello alguien tiene que sostenerla.

Así pues, en el contexto de la triple presencia, nos encontraremos con varios sujetos: malas madres y militantes champiñón, aquellas que convertirán los trabajos de cuidados en espacios políticos, aquellas que apenas aparecerán en el ámbito visible de la política, aquellas que reivindicarán la soberanía del tiempo...

---

bajos de cuidados para poder dedicar las veinticuatro horas al mercado laboral.

5.

Protagonistas de la triple presencia

EL RELATO QUE ENCONTRARÁS en las siguientes líneas es el resultado de catorce entrevistas[14]; para realizarlas, se ha seguido el método biográfico. Estos resultados no buscan la generalidad, ni tampoco la representatividad; solamente quieren profundizar en este contexto. A las entrevistadas se les pidió que contaran su vida; en concreto, aquello que tuviera que ver con la triple presencia: su recorrido familiar, laboral y el relacionado con la participación sociopolítica. Las entrevistadas fueron seleccionadas en base a varias características: el género, la clase social, la edad, la responsabilidad para con los cuidados, la implicación en la participación sociopo-

14. Quiero dar las gracias a las personas que estuvieron dispuestas a realizar las entrevistas; este trabajo sería imposible sin ellas.

lítica y la relación con el mercado laboral. A lo largo de sus vidas en ocasiones han trabajado duro y con un nivel de compromiso muy alto en el ámbito participativo, y otras veces han llevado vidas más ordinarias y con ritmos más pausados, pero todas ellas han sido protagonistas de la triple presencia. Además de ello, hay que tener en cuenta que este procedimiento de selección de las entrevistas tiene sus fortalezas y debilidades[15].

En las siguientes líneas, tendremos como objeto las vivencias de personas de diversas generaciones: la más joven tiene 25 años y la más mayor, 72 años. El contexto ha cambiado significativamente de la generación más mayor a la más joven por lo que habrá que tener en cuenta lo siguiente: los relatos dibujan un recorrido histórico desde la dictadura de Franco

---

15. Fortalezas y debilidades para la selección de las entrevistas: todas las entrevistadas son de clase trabajadora, a pesar de que casi la mitad sean sociológicamente de clase media (seis tienen estudios superiores y trabajos denominados de cuello blanco: profesoras, por ejemplo); la mitad de las entrevistadas conforman familias no tradicionales (en el caso de las personas jóvenes, viven solas o con amigas); cuatro mujeres forman familias monomarentales; un hombre cuida y convive con las criaturas de una amiga, y el resto tiene un modelo de familia nuclear; solo una se define como lesbiana; y entre todas las personas entrevistadas solo una es migrada.

hasta la situación actual. Sin embargo, también tenemos elementos que permanecen a lo largo del tiempo, como, por ejemplo, los relacionados con la división sexual del trabajo y los estereotipos de género. A continuación, intentaremos aterrizar la parte teórica mencionada en las anteriores páginas, observar las vivencias y sentimientos de nuestras protagonistas y reflexionar sobre las posibilidades de cambio. Dividiremos este análisis en tres apartados que nos muestran tres dimensiones de la triple presencia: los extremos, las profundidades y los cambios.

1. Los extremos se tocan: malas madres y militantes champiñón

Las vivencias relacionadas con la triple presencia han aparecido en mayor o menor medida en todos los relatos, independientemente del género, la edad u otras características. Pero podemos decir que las principales protagonistas de la triple presencia son madres y han participado activamente tanto en el mercado laboral como en el ámbito de la participación sociopolítica. Testigo de ello son Pilar, Carmen y Lohitzune. Pilar es la mayor de todas: tiene 72 años, está jubilada y en la actualidad está dedicada en cuerpo y alma al movimiento feminista. Fue madre hace ya bastantes años y en aquella época trabajaba en una fábrica y estaba muy implicada en el movimiento obrero. Así, nos contó que era frecuentemente perseguida por la Policía por implicarse en aquel movimiento en la época franquista:

> Detuvieron a una compañera y nos avisaron enseguida. Yo estaba trabajando en la fábrica y en medio de este lío decidí quedarme embarazada. Me encontraba de baja por maternidad, salía de la panadería aquel día y vino mi hermano; [me dijo] que tenía que salir pitando de allí porque venía un jeep de la Guardia Civil a por mí. A por mí y mi compañero; porque claro, una mujer metida en esas cosas, estando embarazada, sin marido, era imposible. Fueron directamente a por él [mi marido], pero nos adelantamos. Normalmente para este tipo de cosas tenías que buscar un sitio seguro, para en caso de tener problemas, poder esconderte. Y así lo hicimos, fuimos a esa casa. [...] La compañera detenida no dio ningún otro nombre; pero, en cualquier caso, la que estaba implicadísima era yo y estaba a punto de parir.

Madre y en la clandestinidad. Una situación nada fácil la de nuestra protagonista. Tuvo que pelearse duro con su entorno para poder mantener su compromiso; su compañero no se implicó en los trabajos de cuidados, y qué hacer con la criatura para poder asistir a reuniones o asambleas era un debate frecuente. La mayoría de las veces, la madre llevaba a la criatura «bajo el brazo» a las asambleas, y mientras su padre y su madre debatían durante horas, la criatura corría y jugaba por la sala; «erais muy pesados», le decía su hija a Pilar al cabo de los años.

En la época de la dictadura, el destino de la mujer estaba muy claro: ser buena madre y esposa. Por lo tanto, ser mujer trabajadora no estaba nada bien visto. Como explica Pilar, cuando se casó se guardó el carnet de soltera para poder seguir trabajando en la fábrica; en aquella época, se incentivaba el trabajo para las mujeres solteras, y se obligaba a las casadas a mantenerse en el hogar. Incluso durante un período anterior, a las mujeres casadas se les prohibió trabajar, y por ello, la mayoría de ellas trabajaban en la economía sumergida. Además, si de cara a la sociedad ya era problemático ser trabajadora, más aún lo era ser militante.

En la actualidad, trabajar en el mercado laboral no es raro; pero ser militante, en cambio, no es tan común, ya que sigue siendo una cuestión conflictiva. Así nos lo explica Lohitzune, la más joven de este trío; tiene 56 años y es madre de dos adolescentes. Aparte de la maternidad y el empleo, ha participado durante años en el ayuntamiento de su pueblo, en el ámbito formal de la política. Este ha sido, y es, un tema recurrente de discusión con su pareja; así nos lo hace saber:

> En su día tuve problemas con mi compañero, y hoy en día sigo teniéndolos; siempre me anda diciendo que a ver para qué tengo yo que meterme en esos asuntos, a ver si no tengo suficiente con mi vida. Y eso es un pensamiento, bueno, una forma de pesar que puede ser bastante común.

Conciliar la maternidad y la política no es tarea fácil, especialmente cuando las criaturas son pequeñas: a menudo, además de que la madre tiene broncas con el compañero, las criaturas sienten la ausencia de esta en casa. Las tres protagonistas con las que hemos hablado han admitido que para sus hijos e hijas ha sido difícil entender la ausencia de la madre. El entorno social sitúa el cuidado como tarea prioritaria y principal de las madres, y, por tanto, sus ausencias no son legítimas; las de los padres, por el contrario, sí. Así lo afirma Lohitzune:

> La gente del pueblo siempre ha estado metida en política: [imitando una voz masculina] «en nuestra época sí que hacíamos reuniones, nos pasábamos debatiendo hasta las doce y la una de la madrugada». Sí, y tomando *potes* [bebiendo], y en casa no os esperaba nadie [con énfasis].

Existen tiempos hegemónicos y otros que se sitúan en los márgenes: el empleo puede ser una excusa legítima para hacer entender a las criaturas la ausencia materna, sobre todo, en el caso de familias monomarentales; la participación sociopolítica, sin embargo, no es excusa suficiente. Y es que, a veces, las criaturas, al no entender esa ausencia, se han sentido abandonadas. Por ello, la cuestión de la culpabilidad es un elemento que aparece en este relato, porque estas madres han tenido que hacer frente a la culpa, y dicho sentimiento ha aparecido especialmente al hablar sobre las criaturas.

Ejemplo de ello, esto que nos cuentan Lohitzune y Carmen.

> LOHITZUNE:
> La criatura me decía un poco: *ama* [mamá], ¿hoy también tienes que hacer ese trabajo? Ellas no entienden, ¿verdad? A mí también alguna vez me han dicho: desde que trabajas en el ayuntamiento... ¿no? Claro, una criatura no lo puede entender, la madre se va y no está, vendrá después, si acaso para cenar o si no... deprisa y corriendo.
>
> CARMEN:
> Entonces yo venía de trabajar, a todo correr, iba a estudiar deprisa y corriendo y ahí mi hijo no se ha sentido abandonado; pero sí se ha sentido así cuando he participado en los encierros en el hospital debido a una serie de reivindicaciones. Se queda con *amama* y *aitite* [abuela y abuelo] pero se siente abandonado. [...] Bueno, pues te sientes como culpable.

Carmen tiene 62 años y debido a su situación económica en la actualidad vive con su hijo. En su día, lo cuidó y crio sin la ayuda del padre. Por ello, llevar ingresos a casa ha sido fundamental; además de tener un empleo, de forma simultánea cursó estudios, y también militó activamente en el ámbito del sindicalismo. Como explica, su hijo entendía su ausencia cuando era por motivos laborales o de estudios; pero cuando la razón tenía que ver con la participación sociopolítica, la historia cambiaba.

Nuestras protagonistas se han alejado de los mandatos establecidos por la construcción cultural de la maternidad, y por ello, han padecido un castigo social. Alejarse del ámbito del hogar no concuerda con los quehaceres vinculados a la maternidad, ni tampoco con el modelo hegemónico de feminidad, y aún menos, cuando la razón para pasar menos tiempo con las criaturas es política. De estos relatos podemos concluir que el entorno de estas madres no ha visto con buenos ojos que se implicaran; por ello, a menudo han sido etiquetadas como «malas madres», como menciona Pilar:

> Yo nunca me he sentido culpable de si hacía bien o hacía mal como madre o no madre; yo les decía: sí, sí, sí, dirán de mí que soy una mala madre, pero es igual, *chiquitos*, yo esto es lo que tengo.

Cuando hablamos sobre la triple presencia, los relatos de los hombres son totalmente diferentes. Son protagonistas de segunda, sin grandes dificultades para conciliar participación sociopolítica y cuidados, ya que el ámbito del hogar pocas veces ha sido prioritario. Según varias autoras (West y Zimmerman, 1987; Coltrane, 2001), el ámbito del hogar es la esfera principal para la construcción o deconstrucción del género y, especialmente, la deconstrucción de la masculinidad se puede medir en base a la implicación de los hombres en los trabajos de hogar y de cuidados.

La socialización basada en el género tiene un impacto en las vivencias de los hombres. A menudo, han tenido una baja implicación en el ámbito del hogar y los cuidados, por lo que no otorgan valor e importancia a estos trabajos. Uno de los entrevistados, por ejemplo, afirma: «Puedo vivir más que tranquilo con nuestra mierda. Porque es nuestra y de nadie más». En definitiva, los hombres no han sido socializados para asumir responsabilidades en el ámbito del hogar y habitualmente se benefician de ello. Como señalan varios estudios, la implicación de los hombres en las tareas rutinarias del hogar es mucho menor que en las no rutinarias, que se realizan de vez en cuando (Moreno-Colom y

Borràs, 2013; Ajenjo y García, 2014; Sagastizabal y Luxán, 2015)[16]. Los siguientes fragmentos dan cuenta de ello. Son los testimonios de Jon y Alberto; de 35 años el primero y 58 el segundo, ambos padres e implicados en varios movimientos.

> JON:
> A mí en casa hay algunas tareas que se me hacen más fáciles que otras; por ejemplo, no me cuesta poner la lavadora, ahora acabamos de poner el lavavajillas y no me cuesta nada, tampoco me cuesta sacar la basura, preparar la comida tampoco me cuesta demasiado, fregar los platos tampoco, pero tender la ropa sí, odio tender la ropa. Y tengo que admitir que tampoco friego el suelo ni paso la escoba demasiado. Pero he intentado mil veces con mi compañera hacer cuadros o tablas para repartirnos las tareas y eso, pero ella dice que no, que tiene que salir de mí y que antes de hacer cuadros o tablas debería estar haciendo ya esas cosas.

16. Cuando hablamos de tareas rutinarias nos referimos a cocinar, fregar, tender la ropa...; las tareas no rutinarias, en cambio, las relacionamos con hacer la compra de vez en cuando, con arreglos en la vivienda, gestiones puntuales...

ALBERTO:
Últimamente pues... pues... la mujer prepara muchas más veces que yo la comida, sí, y la limpieza de la casa, pues también, eso lo admito. Yo tengo un problema, y es que la suciedad no es un problema para mí, vivo muy tranquilo con mi orden y mi limpieza. Si alguna vez veo, ostras, esto se me está desmadrando, pues me pongo y lo hago todo [...] por ejemplo, las camas, yo nunca las hago y cambiar las sábanas menos aún, sí, y ella sí, son cosas suyas, qué se yo... Pero yo estoy tranquilo, más que tranquilo... Entonces, siempre tenemos las mismas discusiones.

La socialización no ayuda, ni el nivel de conciencia de estos hombres para cuestionar las normas de género. A pesar de ello, el entorno y los factores externos promueven la no implicación; especialmente, el mercado laboral y la militancia. Jon tiene una criatura pequeña y por motivos laborales tiene que estar doce horas fuera de casa. Mientras su compañera estaba embarazada, empezó a trabajar en un sindicato para poder hacer frente a los gastos de la criatura, a sabiendas de que eso le quitaría tiempo para estar con su hijo.

> Me dieron el horario y la parte negativa era que yo ya sabía que no podría ver a la criatura; eran ocho horas diarias, mañana y tarde, con dos horas en el medio; salir y tener que venir hasta casa, llegar a las ocho de la tarde. A una criatura se le tiene que dar de comer, acostarla... Yo ya veía que no vería a la criatura en todo el día y eso me generaba unos quebraderos de cabeza importantes. Pero la parte positiva era que no tenía que buscar otro trabajo; y en los sitios en los que lo intenté no me cogieron. Esa era la única oferta y la única manera para garantizar un ingreso, cuestión interesante cuando vas a tener una criatura.

Garikoitz, de 38 años y que en el momento de la entrevista iba a ser padre, nos cuenta una experiencia similar; durante años ha militado tanto en la política formal como en la informal y fue alcalde durante seis años. Según ha admitido, por implicarse al cien por cien en la militancia, lo más habitual para él ha sido no asumir responsabilidades en el ámbito del hogar.

> Obligado como tal siempre he estado obligado a hacer ciertas tareas, otra cosa es ya mi habilidad para el escaqueo, pero sí, siempre he ayudado en casa; pero siempre ha sido

> eso, ayuda, nunca he tenido una responsabilidad. Cosas puntuales como hacer mi habitación, mi baño, y ayudar a mi padre en la calle en alguna cosa; pero cuando él no podía, cuando hacía falta una segunda persona y así, si no nada. Podemos decir que esto fue hasta el 2007, que empecé a trabajar como alcalde, después de entonces, durante los próximos seis años, no hice nada.

Por tanto, de los relatos podemos constatar que, entre los hombres entrevistados, el militante champiñón es, hoy por hoy, el modelo que prevalece. Podemos decir, pues, que tenemos los dos extremos de la participación sociopolítica: la mala madre y el militante champiñón. Sin embargo, entre estas dos figuras también hay matices, al igual que entre el blanco y el negro encontramos grises. Para ello, ahora prestaremos atención a las vivencias que materializan la triple presencia de nuestras protagonistas, para poder profundizar en este fenómeno.

2. En las profundidades: las entrañas de la triple presencia

Para prestar atención a las entrañas de la triple presencia, nos fijaremos especialmente en la participación sociopolítica. Observaremos las vivencias y los sentimientos que hay detrás de la misma y veremos cómo estos se añaden a las dificultades que nos encontramos a la hora de conciliar los trabajos de cuidados. Así, en las próximas líneas nos encontraremos con varias protagonistas; la más joven, de 33 años y la más mayor, de 58 años; Garikoitz, Karla, Anabel, Erika y Gotzon.

Las formas de vivir y sentir la participación sociopolítica han sido muy diversas: obligación, deseo, ilusión, trabajo, esfuerzo, autoestima... Podemos encontrar tantos elementos como estados particulares de cada cual. A pesar de ello, desde el punto de vista temporal, encontramos vivencias contrapuestas: vivir el tiempo de la participación como tiempo propio o vivirlo como tiempo para las demás; es decir, como tiempo que no es de una misma.

La primera vivencia estará presente en dos entrevistas, las de Garikoitz y Karla: lejos de sentimientos de culpabilidad, han hablado sobre la importancia de la participación sociopolítica; sentirse parte de un grupo, trabajar la autoestima, obtener reconocimiento... El primero, de 38 años, ha explicado que es algo que hace para sí mismo, más que como una actividad para los demás.

> Todos necesitamos ser o sentirnos parte de un grupo. [...] Quiero decir, tengo que verme a mí mismo en alguna parte o siendo parte de algún grupo para sentirme bien, todos necesitamos el reconocimiento de los demás... el estar bien visto y todo eso. [...] Yo sigo estando [dentro de un grupo] y por eso digo que nunca voy a dejar de estarlo, porque de verdad que me gusta poner proyectos en marcha, ver que las cosas se materializan, que, en teoría, de alguna forma estoy mejorando las condiciones de vida, ¿no? Quiero decir que si mi entorno está mejor yo también estoy mejor, en definitiva. Tampoco es altruismo, ¿no? Al final, también lo estoy haciendo por mí, ¿no?

En este relato, por tanto, la militancia aparece como una actividad ligada al tiempo propio, una acción que busca el bienestar tanto colectivo como personal, ciertamente. En la experiencia de Karla nos encontramos con sentimientos similares. Tiene 49 años y dos hijas jóvenes que ha criado y cuidado ella sola. A menudo se ha encontrado con dificultades para conciliar los trabajos de cuidados y la participación sociopolítica. Además, actualmente se encuentra desempleada y su prioridad es encontrar empleo. Así cuenta lo que significa para ella la militancia:

> Participo en una asociación para no estar aislada, la maternidad te aísla, te lleva de vuelta al mundo de las cosas sencillas, y bueno, puedes estar ahí feliz, pero... [...] Las asociaciones me ubican... Me sacan de mi zona de confort, me ubican siempre ante retos nuevos que me hacen salir de mi mundo y avanzar. Como ves, me ha salido un planteamiento totalmente egoísta.

En el caso de Karla, la participación es un espacio para escapar del tiempo ligado a la maternidad. Como el cuidado ocupa una parte importante de su vida, la participación es un momento para el descanso, un tiempo propio, para ella, para conocer nuevos mundos y retos. Es llamativo que lo califique como un planteamiento egoísta, ya que esto tiene una estrecha relación con la construcción de la feminidad: y es que las mujeres deben velar por el bienestar de las demás personas, no por el suyo propio. Podemos decir, pues, que Karla, de cierta manera, rompe con las normas de la feminidad.

Esta vivencia es muy diferente a la descrita por otras mujeres. Por ejemplo, la relatada por Anabel. Tiene 55 años y un hijo que ha sacado adelante ella sola; cuenta con una gran implicación en el ámbito del sindicalismo y en su tiempo libre también le hace un hueco a la participación sociopolítica.

> Me lo plantearon y dije: ¡uy, esas son mis vacaciones! No tenía ninguna responsabilidad concreta, era un espacio para mí, algo que me gustaba. Pero es cierto, mucha de la gente que estaba allí tenía más vacaciones, *esas eran mis vacaciones*. Entonces, esto me viene muy bien psicológicamente, porque de repente dejas de estar preocupada por otros; al mismo tiempo, te preocupas y responsabilizas de las demás, pero de otra manera. Eso me ha venido bien y me ha sido útil, pero soy consciente de que no siempre puede ser así, porque en esos espacios no te ocupas de ti misma, y creo que es necesario tener tiempo para cada cual, para mirarte, cuidarte. [...] Lo otro es agotador, es una lucha constante y en todo ese tiempo no puedo gozar de mi tiempo, porque lo das todo por cuidar a terceras personas.

En este fragmento, la participación no está relacionada con el tiempo personal, sino con la privación del tiempo. La participación sociopolítica es una acción para buscar el bienestar de las demás personas. Esa vivencia concuerda con las normas de la feminidad y la actividad sociopolítica tiene mucho que ver con los trabajos de hogar y de cuidados, pues estos últimos no se limitan a las cuatro paredes del hogar, son una actitud; en definitiva, un comportamiento que busca constantemente el cuidado y bienestar de otras personas (Murillo, 1996). Las vivencias de la participación sociopolítica, por tanto, están relacionadas con las normas de género.

Como hemos mencionado anteriormente, las prácticas desarrolladas en la actividad política o social pueden fomentar u obstaculizar la participación de las personas, sobre todo, cuando hablamos de responsabilidades ligadas a los cuidados. El contexto de las madres monomarentales es especialmente difícil a la hora de conciliar estos dos ámbitos. Así, tanto Anabel como Karla han denunciado la incompatibilidad existente entre cuidados y militancia, también en el movimiento feminista.

> ANABEL:
> Hay un espacio político y social, donde la conciliación... ¿es que cómo vas a conciliar?

Los horarios... Me da igual, sea en el sindicato o en el movimiento feminista, nos reunimos por las tardes, y entonces dices: ¿cómo participo de esos espacios si tengo a las criaturas en casa? Entonces, haces una repartición adecuada con la pareja, pero si no tienes pareja... es una locura.

Karla:
Me encantaría trabajar en temas de mujeres, pero lo de militar ahora, buf, métete en la asamblea de mujeres; por las tardes... Yo todavía estoy pendiente de mis criaturas, no puedo.

Frente a la privación de tiempo que supone el cuidado, reclaman la capacidad de decisión: convertir el tiempo en un recurso político. Nuestras protagonistas, pese a los obstáculos, reivindican su decisión de participar en los tres espacios. Anabel dice así:

Entre las mujeres que hacen política, la mayoría no tienen criaturas; los hombres, en cambio, creo que todos ellos tienen, porque eso lo tienes supercubierto, ¿no? A las mujeres siempre nos obligan a renunciar a algo, es algo que está por conseguir. No es justo, no lo es; yo soy madre, trabajadora, sindicalista, militante y quiero serlo todo, y quiero poder conciliarlo todo.

En algunos casos, la conciliación de los tiempos de cuidados, el empleo y la participación es imposible. Nuestras protagonistas, a pesar de intentarlo, también han tirado la toalla, ya que el propio cuerpo es quien les ha puesto límites. Tener que gestionar la simultaneidad de tiempos y espacios es muy difícil; eso mismo nos ha explicado Erika. Madre de 33 años, trabaja en la universidad como investigadora y ha estado muy implicada en el movimiento contra el racismo. Nos ha hablado sobre sobre la imposibilidad de conciliar el cuidado de las criaturas, el empleo y la participación.

> El año pasado tuve que sufrir… Casi me da un ataque de nervios: por un lado, por la presión social que supone el que la mujer se vaya del hogar; si fuera el hombre sería algo celebrado; me decían que estaba abandonando a mi esposo y mi hijo. Y, por otro lado, por el enorme agotamiento que supone organizarlo todo: ¿quién se va a quedar con el niño?, ¿la casa?, ¿las compras?, blablabla… Para el tercer día ya tenía fiebre y los labios cuarteados, y entonces me cuestiono a ver si todo eso merece la pena o no; es muy difícil, tremendamente difícil tener que gestionar a la vez todos los escenarios.

En este relato podemos ver claramente que los choques entre tiempos tienen un impacto directo en nuestros cuerpos: la triple presencia se materializa, toma cuerpo. Para el buen funcionamiento de nuestro organismo el descanso es fundamental; por ello, cuando no respetamos los ritmos de nuestro cuerpo, enfermamos. Aunque queramos, no siempre podemos estar en todos los espacios: a veces, el triángulo que representa la triple presencia queda lejos de nuestra realidad y se convierte en un sueño, y, más aún, cuando no hay condiciones para ello. En consecuencia, se crearán nuevas iniciativas desde la imposibilidad, politizando aquellos espacios que hasta entonces no eran comprendidos como políticos; el tiempo de cuidado, por ejemplo:

> Yo veo mucho la influencia que yo he querido tener en su vida [la de la criatura] y creo que es una responsabilidad que tenemos como madres; creo que gracias a las siguientes generaciones va a haber un cambio; por tanto, a ver si nosotras que manejamos esos discursos tan extensos logramos que se dé un cambio en nuestras criaturas. En casa hago mucho énfasis en ese sentido, para que mi hijo no me pida cosas solo a

> mí; puede ver que yo les sirvo la cena a ellos primero y después me siento, porque nunca llego a comer al mismo tiempo, y cuando por fin me siento me dice: *amatxo* [mami], ahora quiero más yogurcito, y le digo: pues se lo pides a tu padre, guapo.

En la experiencia de Erika, el cuidado se convierte en una participación no visible, pero con valor político. Entre los hombres también encontraremos algún caso parecido, y es que Gotzon ha decidido dedicarle tiempo y priorizar el cuidado. Tiene 58 años y trabajos eventuales que compatibiliza con subvenciones. No es el padre biológico, pero es el responsable del cuidado de las criaturas de una amiga cercana; eso ha hecho que su participación sociopolítica se haya limitado.

> La madre de las criaturas no podría tener tal implicación, incluso en el movimiento feminista o en sus asuntos si no contara con una persona cuidadora a su lado. No podría, no podría. Eso es un clásico, o tienes una vida privada (o lo que se le llama privada o trabajo reproductivo), o tienes una vida pública y social. A mí me parece muy bien, pero ahora no tengo tantas ganas... Estoy mucho mejor con las criatu-

> ras, aunque a veces pienso: ¿qué pasa aquí? ¿Qué pasa en la calle?, ¿no? Pero bueno, ¿la asamblea? Vete... ¿la reunión? Vete... ¿no sé qué cena? Vete... Ya me encargo yo [se refiere a los ámbitos en los que ya no está presente, para que la madre de las criaturas sí lo esté].

Gotzon, por tanto, ha decidido dejar de lado varios privilegios ligados a la masculinidad y llevar a cabo una práctica distinta. Ser la persona cuidadora principal hace que la participación sociopolítica en el ámbito público sea de otra manera. De hecho, significa participar en un segundo plano o de forma no visible. Gracias a la responsabilidad que asume Gotzon, su amiga puede compaginar la maternidad y la militancia. Así se rompen los roles de género: en el ámbito habitual de los hombres encontramos a una madre y en el ámbito de las mujeres a un hombre cuidador. Lo que se hace en el ámbito del hogar puede construir o deconstruir el género y, en este caso, estamos ante una decisión política consciente que busca deconstruirlo.

Al tiempo para tomar conciencia y generar cambios se le llama «el tiempo conflictivo» (Fitzpatrick, 2004). A pesar de que generar transformación social desde las acciones cotidianas es difícil, esos pequeños cambios pueden ser determinantes. Podemos entender el tiempo como un recurso político; es decir, como la capacidad de decisión sobre nuestro tiempo. A pesar de que la estructura nos limita, hay margen para la transformación. Conozcamos, pues, las estrategias y oportunidades de cambio generadas por nuestras protagonistas.

3. El cambio: el tiempo es una cuestión política

Después de aterrizar y profundizar en la triple presencia, a continuación, nos embarcaremos en la búsqueda de estrategias. Hemos visto que es un trayecto lleno de obstáculos, pero, pese a las trabas, existen opciones de cambio. Por ello, podemos aprender mucho de las fórmulas diseñadas por nuestras protagonistas. Hemos situado estas estrategias en la espiral[17] que conforma

17. Las integrantes que participamos en el 2019 en el proyecto «Derivas» de la Colectiva xxk definimos el derecho colectivo al cuidado y hemos utilizado las enseñanzas sacadas del mismo para situar e interpretar las estrategias de la triple presencia. Más información aquí: https://colectivaxxk.net/experiencias/derivas-feministas-para-cambiar-el-sistema/ [20/03/2020].

el derecho colectivo al cuidado: empezando por una misma, pasando por los espacios más cercanos (vecinas, redes de apoyo más cercanas), después por la comunidad más amplia, y así hasta llegar al ámbito administrativo-institucional.

Según un dicho conocido, toda revolución empieza por una misma; por tanto, debemos partir de los cambios que nosotras mismas podemos realizar. Es cierto que, últimamente, la implicación de los hombres en los trabajos de hogar y de cuidados se ve con buenos ojos; en especial, las actividades relacionadas con el cuidado de criaturas y en concreto con la paternidad. Sin embargo, ¿significa esto que haya habido cambios en relación a la masculinidad?

A nivel simbólico podríamos decir que sí, y es que casi ninguno de los hombres entrevistados se ha sentido identificado con la figura paterna de las anteriores generaciones. El modelo que impera como «hombre ganador de pan» es el del padre ausente que nunca está en casa y nuestros protagonistas quieren alejarse de dicho modelo. En algunos casos, a pesar de seguir en la práctica las pautas del trabajador o militante champiñón, sueñan con otra realidad; por ejemplo, Jon, padre de 35 años, nos habla de su deseo de estar con su hijo y generar vínculos con él.

> Siento un gran dolor, me duele la vida que tengo, no estar [con mi hijo] en todo el día, eso me genera dolor. [...] Y a mí me llena muchísimo llevar a mi hijo a la guardería, [...] despertar al crío es un momento muy bonito, darle de desayunar después, además eso crea vínculos, ¿sabes? Y yo quiero estar a tope en su educación, a tope, y jugar con él todo lo que pueda, a mí me da la vida, de verdad, y me hace feliz, [...] quiero pasar mi tiempo libre con él, quiero acompañarlo en sus tareas, en sus preocupaciones, quiero estar presente en su vida.

El horario del trabajo no le permite estar con su hijo todo el tiempo que quisiera. Por lo tanto, en su caso, ser un militante champiñón no es una situación deseada, sino una situación vivida como una obligación. A pesar de que los momentos que dedica este padre a su hijo sean escasos, son muy importantes, ya que están llenos de significado y sentimiento. Con testimonios como el de Jon podemos decir que el hecho de que la masculinidad hegemónica no sea deseable es un avance, ya que estos padres han empezado a alejarse del modelo paterno de las anteriores generaciones. A pesar de ello, esta es una reivindicación que a menudo se queda simplemente en el plano discursivo, ya que, en realidad, la práctica es bien distinta. ¿Tienen los cambios que se han producido en la masculinidad impacto alguno en el ámbito de los privilegios? (Azpiazu, 2017). Eso es lo que nos deberíamos preguntar.

En algunos casos, quieren pedir permisos relacionados con la paternidad: permisos por cuidado de menores y reducciones de jornada, sobre todo. Jon nos habla de las ventajas que podría acarrear todo esto:

> Adaptando el horario, llegaría a casa para las seis de la tarde; tendré tiempo para ir a alguna reunión que otra, [...] también está el tema de la formación, estoy estudiando economía, puedo ayudar en temas técnicos, también me veo ahí, y veo que me dará tiempo para seguir con mis humildes estudios, militar algo, y estar más con él [su hijo].

De este relato podemos concluir que hay una gran diferencia entre la teoría y la práctica, ya que el cambio de horario no afecta a las prioridades; el cuidado sigue sin ser prioritario, pues aparece como último elemento en el listado de actividades que este padre realizará. Cuando las prácticas propias se han transformado, detrás de ello ha habido un ejercicio de concienciación; es decir, se ha reflexionado y se han tomado decisiones en torno a la masculinidad de forma consciente. Por lo tanto, parece que no es suficiente con proporcionar más tiempo a los padres (como, por ejemplo, alargando los permisos vinculados al cuidado)[18], si estos cambios

18. Con el desarrollo de la Ley de Igualdad (Ley 3/2007 para la igualdad efectiva entre hombres y mujeres), en los términos previstos en la normativa laboral y de Seguridad Social se contemplaban excedencias con compensación salarial por maternidad (16 semanas), paternidad (15 días) y excedencias parentales sin compensación salarial hasta los tres años. Posteriormente, a través de distintos decretos, los permisos de paternidad se amplían de forma progresiva hasta equipararlos con los de maternidad en 2021. En el Real Decreto-ley (RDL 6, 2019) «de medidas urgentes para la garantía de la igualdad de trato y de oportunidades entre mujeres y hombres en el empleo y la ocupación», las prestaciones por maternidad y paternidad se unifican en una única prestación denominada «nacimiento y cuidado del menor». También entra en vigor la prestación relativa a la «corresponsabilidad en el cuidado del lactante». Con ello, actualmente se regulan las siguientes prestaciones relativas a la conciliación familiar y laboral: 1) prestaciones relacionadas con el riesgo en el embarazo y la lactancia; 2) cuidado de menores afectados por cáncer u otra enfermedad grave; 3) prestaciones por nacimiento y cuidado de menor; y 4) corresponsabilidad en el cuidado lactante.

no van acompañados de procesos de concienciación y transformación. Además del tiempo cuantitativo, necesitamos tiempo de calidad, tiempo para el conflicto y la transformación. Este es el caso de Gotzon y de Garikoitz.

> GOTZON:
> Eso está muy claro. Si tú quieres tener una vida militante o con una implicación político-social, tienes que dejar de lado los trabajos de hogar, no puedes con todo. Por eso la militancia ha sido tan masculina. [...] Yo no soy feminista, yo aprendo de las feministas, yo no puedo considerarme feminista... decir otra cosa sería demasiado. Pero he aprendido mucho, me ha enseñado ¡la hostia! [...] «Feminismo» era una palabra que conocía desde hace tiempo: «eh, ¡guay!, pero qué guay, qué guay, sí, qué guay, ¡ahora cúrratelo!». Sucede eso, ¿no?

> GARIKOITZ:
> Me replanteé un poco mi vida, porque, claro, teniendo en cuenta que estuve bastante metido en temas institucionales, sobre todo desde que fui alcalde y los próximos dos años también, durante seis años no hice nada más. No tenía tiempo ni para mí; no tenía tiempo para el cuidado personal o todo eso que se dice, ni para la casa ni para nada. [...] Ahora mi modo de vida es otro,

> es decir, yo me ocupo de la casa, porque mi pareja lo tiene mucho peor que yo, sale por la mañana y llega de noche, y ahora lo hago yo casi todo. [...] Y, bueno, antes era yo el que hacía poco o nada y ahora es ella. Hemos intercambiado los papeles.

Aquí encontramos protagonistas que siendo conscientes de los beneficios que supone la masculinidad hegemónica han iniciado un camino para construir otro modelo distinto. Pero, además de los cambios propios realizados de forma individual, en varias entrevistas diferentes mujeres han subrayado la importancia de las redes cercanas de amistad. Por ejemplo, las creadas por familias monomarentales. Son madres sin pareja, pero que nunca han estado solas. Eso mismo nos han explicado Carmen y Karla.

> CARMEN:
> Yo es que soy un poco utópica, pero, siempre he pensado lo siguiente: si yo cuido de mi hijo, ¡qué más me dará cuidar de las criaturas de mis amigas! Y ellas también cuidarán de la mía. [...] Esas criaturas jamás van a sentirse solas porque: *ama* [mamá] no está, pero está la vecina, o la madre de su amiga. [...] Las mujeres, especialmente, tenemos que buscarnos la vida, buscarnos

apoyos, *cachabas* o bastones donde sostenernos, muchos apoyos al rededor, sobre todo, para poder desarrollarnos no solo como madres, sino en muchos otros ámbitos. Pero no nos lo ponen fácil, por eso creo que es importantísimo buscarse siempre un montón de apoyos.

KARLA:
Esta sociedad es muy individualista y yo creo que muy clasista, yo he tenido mucha suerte porque he tenido una red de apoyo de amigas muy fuerte: cuando he necesitado ropa, o cuando me ha fallado el coche, cuando no he tenido dinero...

La red ha proporcionado ayuda material e inmaterial a estas madres, imprescindible para tirar hacia adelante. Ellas también han denunciado que la mayoría de las ayudas provenientes de las instituciones están relacionadas con familias numerosas y, por el contrario, pocas están destinadas a familias monomarentales. Las políticas sociales fortalecen la familia tradicional heterosexual (Carabine, 1992). Del mismo modo, han mencionado varias estrategias basadas en la comunidad, como, por ejemplo, el servicio de guardería en actos o asambleas. Pero, según han explicado, este tipo de prácticas son muy puntuales y, por tanto, no muy eficaces. Cuando las criaturas comienzan la guardería suelen necesitar un periodo de adaptación; sobre todo, cuando son pequeñas. El tipo de prácticas mencionadas previamente, al ser puntuales, no tienen margen para esa adaptación; por tanto, pueden ser herramientas interesantes, siempre y cuando se hagan con una frecuencia.

No obstante, las estrategias descritas anteriormente se complican en el contexto del cuidado de personas mayores. Según explican las entrevistadas, es muy diferente implicarse en el cuidado de criaturas o de personas mayores. La ayuda de las redes de amistades se hace más difícil, así como el desarrollo del trabajo comunitario para realizar estos trabajos. Además de eso, para fomentar la toma de responsabilidades de los hombres en el cuidado de las criaturas, se señalan todos los beneficios y sentimientos positivos que ello supone; sin embargo, es más difícil hacer este ejercicio cuando se trata del cuidado de personas mayores. Así nos lo han explicado Gotzon y Carmen:

> GOTZON:
> [Cuidar de las criaturas] Es también muy fatigoso, pero te da la vida y muchos hombres no saben lo que se pierden; esto sobre

todo recae en las mujeres, como si fuera una obligación que recae sobre las mujeres, mientras los hombres nos ocupamos de temas universales... Pero no saben lo que se pierden, pierden una importante conexión para con la vida al no cuidar de las criaturas. Pero ¡no diría lo mismo del cuidado de las personas mayores, eh!

CARMEN:
Pues eso, cumples. Lo acabas haciendo, pero no hay fluidez, no hay alegría, y, claro, los mayores te quitan más energía. Los pequeños también te la quitan, pero luego te dan unas alegrías terribles, porque es normal, a la persona mayor ya le puedes repetir veinte veces que no deje la taza ahí y te la va a volver a dejar, porque se le ha olvidado, y te volverá a preguntar al cabo de tres horas: «¿y la taza por qué está ahí?». A eso se le llama paciencia.

Por tanto, no podemos olvidar que el cuidado tiene una dimensión negativa, ya que no todo es amor y buenas relaciones. También existen relaciones de poder, violencia, obligaciones, relaciones no tan buenas... Es difícil que frente a todo esto reivindiquemos la implicación de todas de manera positiva, ya que hablamos de una responsabilidad social y política, no solo de buenas voluntades. Como nadie quiere ocuparse de estos trabajos, las personas que están en lo más bajo de la escala social son quienes acaban teniendo que hacer estas tareas. Reivindicar el derecho a no cuidar, a menudo, significa dejar los cuidados en manos de otra persona; en definitiva, hacerlo a su costa. Este es el mecanismo de las cadenas globales de cuidados.

Erika es testigo de esto. Cursó estudios universitarios en su país de origen y trabajó en un empleo cualificado. Vino a Euskal Herria por amor, y, desde entonces, no ha hecho más que recibir ofertas de trabajo relacionadas con trabajos de hogar y de cuidados. Ha sufrido racismo, ya que por su origen se le asignan varios estereotipos.

> Al llegar aquí, una mujer en un parque me dice: «Oye, ¿quieres venir a planchar a mi casa?». Yo no he cogido una plancha en mi vida, no lo he hecho ni a día de hoy, y le dije: «¿Y por qué no vienes tú a la mía? Es que yo no sé planchar». Los ojos casi se le salen de las cuencas. Como ves, he tenido que utilizar diversas estrategias para ganarme el respeto de la gente y enseñarles cuál es mi lugar. [...] Soy muy consciente; aquí, la primera cosa que le viene a la gente a la cabeza al verme

> es que soy una prostituta, y si no eres prostituta, que te has casado por conveniencia y le vas a quitar el piso a tu pareja.

Por todo ello, las entrevistadas han reivindicado la necesidad de sacar los trabajos de cuidados del ámbito privado y convertirlos en responsabilidad colectiva. Reivindican la «conciliación social» y también defienden el derecho a decidir sobre la vejez: ¿cómo queremos vivir cuando seamos mayores? ¿Con quién? ¿En qué espacio? Critican el modelo actual e imaginan nuevos futuros, donde la convivencia y los espacios compartidos con amistades sean una realidad. Sobre esto ha hablado Nahiene, de 31 años. A día de hoy vive sola; sin embargo, imagina el futuro de otra manera, fuera de la lógica de la familia nuclear.

> Con el tema de los cuidados, sí que veo que puede haber una especie de utopía... No sé si es una utopía, sí, porque en algún momento sí que tenemos en mente irnos a vivir a una casa todas juntas... Las lesbianas, las feministas... [...] para algún día cuidarnos unas a otras, porque no vemos que vayamos a tener... bueno, igual algunas sí, pero... vaya, que no vemos que nadie nos vaya a cuidar o igual no tendremos criaturas. [...] Creo que esa comunidad se tiene

> que empezar a construir desde ya, lo veo muy... que estamos muy metidas en el capitalismo y en el individualismo.

Nahiene y Carmen reivindican la necesidad de convertir la vejez en algo más comunitario y defienden la institucionalización de ciertos trabajos; es decir, que se desarrollen trabajos de cuidados públicos, profesionales y dignos. Si no se ponen en marcha estas soluciones, son el mercado y las familias nucleares quienes se hacen cargo del ámbito de los cuidados, porque las instituciones fomentan este modelo. En este contexto, se promueve la contratación de personas en el ámbito del hogar; además, el hecho de que sea un espacio informal hace que estos trabajos se realicen en condiciones de precariedad absoluta. El cuidado de personas mayores, a menudo, significa una atención de veinticuatro horas, y las subvenciones no dan para cubrir un salario digno. Frente a esto, se perpetúan condiciones laborales lamentables. Otras personas, sin embargo, toman decisiones de otro tipo. Así lo explica Carmen:

> Yo también, como buena trabajadora que he sido, y soy, y buena sindicalista que he sido, y soy, si pido una dignidad salarial y una

> cotización, no voy a tener a una persona contratada por seiscientos euros, ochocientos euros, durante cuatro horas, todos los días, metida en casa de mis padres, de verdad, ¡qué clase de incongruencia personal! Yo no soy de esas. Pero con la disponibilidad que ellos tienen, a las mañanas tienen a una persona, sobre todo que les haga la comida y los mantenga aseados de lunes a viernes; y yo me encargo los sábados y domingos, para estar con ellos, para seguir organizando con ellas, y tengo las tardes para prepararles la medicación, voy a la farmacia... Estas son las cosas que forman parte de mi vida diaria, por eso hablo de conciliación familiar.

El cuidado de personas mayores es, sin duda, el elemento más conflictivo dentro del triángulo que representa la triple presencia; el elemento que más complica la conciliación de los tres ámbitos. En la actualidad, en este espacio se juntan tres opresiones: capitalismo, patriarcado y racismo. Necesitamos, con urgencia, sacar esta cuestión del ámbito privado y del hogar y convertirlo en un asunto político de primer orden.

Por lo tanto, a través de los relatos de las personas que han sido y son protagonistas de la triple presencia, hemos podido construir dos «tipos ideales» (en el sentido sociológico del término) y, al mismo tiempo, antagónicos, del fenómeno: las malas madres y los militantes champiñón. Las primeras han tenido que reafirmarse y hacer frente a su entorno para poder estar presentes en el ámbito de la militancia, que, como hemos señalado, sigue siendo un ámbito masculinizado y sigue una lógica temporal productivista (no en los objetivos, pero sí en los ritmos). Por tanto, he aquí la pregunta: ¿es posible luchar contra el capital siguiendo patrones temporales capitalistas?

Además, hemos visto cómo los significados que otorgamos a la participación y sus experiencias varían en base al género. Mientras que la feminidad marca una experiencia volcada en el bien común, en luchar por el bienestar de las demás personas, la masculinidad se centra en la experiencia individual, y el ego se sitúa en el centro: se participa para uno o una misma, para conseguir reconocimiento social; es decir, un cambio social que revierta en el bienestar propio. Mezclar las características femeninas y masculinas, dar importancia a ambas y mantener un equilibrio entre ellas parece necesario para crear movimientos con dinámicas no tan *generizadas* como las actuales.

Finalmente, se han expuesto las principales estrategias utilizadas por estas protagonistas. A través de estas, el tiempo aparece como un recurso político (Legarreta, 2013; 2014): algo que poseemos para poder actuar y realizar cambios en nuestras vidas, nuestras conciencias y, también, nuestro alrededor. Como veremos en el siguiente capítulo, el tiempo es una cuestión fundamental para la trasformación social.

6.

Utopías y ucronías

Lo que una revolución social necesita es tiempo, tiempo y más tiempo.
ÁLVARO GARCÍA LINERA, 2017

VIVIMOS EN UNA ÉPOCA DE GRANDES CAMBIOS que suceden a gran velocidad. Sin duda, nos encontramos en un momento en el que es necesario hacer frente al fascismo y a la ofensiva neoliberal. Nos enfrentamos tanto a una crisis de los cuidados y de la reproducción[19] como a una crisis ecológica; es el propio sistema el que está atravesando una profunda crisis. El final de la edición de este libro coincide con el contexto de la primera huelga feminista general realizada recientemente en Euskal Herria. Una estrategia que se empezó a gestar precisamente cuando estalló la pandemia generada por el COVID-19, cuando el conflicto capital-vida se hizo aún más

19. Aquí nos referimos a lo que hemos explicado en la tercera parte del libro, es decir, a la crisis multidimensional de la que habla Amaia Pérez Orozco (2011).

evidente[20]. El salto cualitativo que ha supuesto esta huelga es innegable, a pesar de que el proceso de construcción colectiva de la misma no ha sido fácil. El futuro es incierto y poco alentador; por ello, resulta necesario organizarse colectivamente y mirar por el bien común. Sin embargo, luchar por el bien colectivo no debe suponer negarse a una misma, ni situar unas opresiones por encima de otras.

La crisis del sistema es profunda y esto nos lleva a cuestionarlo absolutamente todo, a llevar a cabo cambios individuales y colectivos. En definitiva, a transformar las condiciones de vida estructurales que organizan nuestra vida cotidiana. Es, por tanto, un buen momento para soñar nuevos horizontes utópicos.

¿Para qué sirve la utopía? Como bien dijo Eduardo Galeano, para caminar. Si damos un paso hacia adelante, la utopía lo hará también, y es que el horizonte nunca se puede tocar, pero

---

20. En este contexto se puso de manifiesto que la prioridad absoluta era sacar adelante la producción, por encima de los riesgos para la salud de la clase trabajadora. Por otro lado, se puso sobre la mesa la crisis de los cuidados: el cuidado de criaturas, mayores y personas enfermas recayó sobre los hogares y el ámbito privado, y en el mejor de los casos, las necesidades de cuidados se cubrieron a través de la comunidad (gracias a las redes comunitarias).

nos ayuda a recorrer el camino. Además de la utopía, también podemos soñar con la ucronía. Es decir, podemos soñar con una utopía del tiempo: imaginarnos una organización temporal que nos permita vivir y dar pasos en esa dirección.

En esta época en la que el tiempo es dinero, desde los feminismos se quiere cuestionar el capital en todos sus sentidos, también en su dimensión temporal (Legarreta, 2013). Por ello, se nos presentan varias preguntas: ¿cómo serían nuestras vidas cotidianas si el tiempo no se entendiera en forma de dinero? ¿Cómo sería el tiempo sin la hegemonía del reloj y del cronómetro? ¿En base a qué queremos organizar nuestra vida cotidiana? ¿Cuáles son los ritmos y tiempos que queremos situar en el centro?

Con el objetivo de conectar la ucronía con la realidad del momento, en la década de los 80, las mujeres del Partido Comunista Italiano, por primera vez, pusieron en marcha lo que se conoce como las «políticas del tiempo». Las instituciones, el movimiento feminista y la academia conformaron la iniciativa *Le donne cambiano il tempo*[21] (Cordoni, 1993). La propuesta tenía

21. En castellano: «Las mujeres cambian el tiempo».

como objetivo materializar una organización temporal que permitiera un «tiempo de vida», y contaba con tres ejes.

El primer eje prestaba atención al ciclo vital y criticaba la importancia del tiempo vinculado al ámbito laboral. Frente al modelo de vida lineal, propusieron una trayectoria vital donde se incluirían otros tiempos; los tiempos reproductivos, los sociales y los ligados a la comunidad, entre otros. Para ello, propusieron replantear y ampliar el sistema de los permisos laborales (para la participación sociopolítica, para realizar trabajos de cuidado fuera de la familia nuclear...). Y es que se trataba de sacar el tiempo vinculado al mercado laboral del centro de nuestros proyectos de vida.

El segundo eje estaba basado en la vida diaria. Criticaron que el modelo previamente explicado de 8+8+8 no prestaba atención a los ritmos biológicos y señalaron que la organización diaria estaba regida por el mercado laboral. Por eso mismo, reivindicaron una organización cotidiana que permitiera el desarrollo de un tiempo para la vida, redujeron el tiempo dedicado al mercado laboral, y propusieron una división paritaria tanto del trabajo como del tiempo (productivo y reproductivo).

El tercer eje prestaba atención a la organización temporal de la ciudad, y denunciaba la desincronización existente entre los ritmos individuales y los colectivos. Y es que, de nuevo, los ritmos urbanos sitúan en el centro el mercado laboral; por tanto, los servicios, el transporte, las tiendas... muestran una falta de coordinación para con los ritmos del trabajo reproductivo y esto perjudica, sobre todo, a las mujeres. Es por ello que propusieron que cada ayuntamiento pudiera tener la potestad de regular los horarios de su ciudad.

La iniciativa impulsada por las feministas italianas se topó con resistencias significativas, dado que situar la vida en el centro significa apartar de dicho lugar el capital. Es por ello que solo se desarrolló el tercer punto; lo mismo ocurrió incluso en las políticas del tiempo que se desarrollarían posteriormente (Torns et al., 2006; Legarreta, 2014).

Esto pone de manifiesto que las políticas del tiempo tienen que ir de la mano de un cambio sistémico más amplio, ya que el bienestar material y temporal están unidos. Por ello, la colectivización de los trabajos y los tiempos debería darse también junto al reparto de la riqueza.

Si la transformación de la sociedad solamente se plantea desde la perspectiva del tiempo, puede quedar coja. A pesar de ello, toda propuesta transformadora debería tener en cuenta la dimensión temporal.

En este sentido, una aportación utópica interesante podría ser la de la Soberanía Feminista[22] (*Burujabetza Feminista* en euskera), una propuesta que está desarrollando o construyendo la organización Euskal Herriko Bilgune Feminista, en colaboración con otros agentes, sectores populares y personas a título individual, y que tiene como objetivo la soberanía sobre nuestros cuerpos, tiempos y territorio. Esta propuesta comprende el concepto de soberanía en su sentido más amplio: está arraigado al territorio, tiene en cuenta el contexto de cada lugar y plantea apropiarse de los medios de producción locales, así como recuperar la soberanía sobre nuestros recursos naturales. Pero también se fija en los cuerpos, porque propone recuperar el

---

22. Esta propuesta es una hoja de ruta abierta construida colectivamente, que está en movimiento y actualización constante. Para saber más: https://www.emakumeenmundumartxa.eus/wp-content/uploads/2020/04/BURUJABETZA-PONENTZIA_eus_cast.pdf [07/02/2024]

control de nuestros cuerpos y medios de reproducción. *Buru* y *jabe*[23], dos elementos a tener en cuenta, que quieren poner en el centro los procesos para sostener las vidas: ¿las formas de producción y reproducción son sostenibles para la naturaleza? ¿Perpetúan las relaciones basadas en la colonización y el racismo? ¿Fortalecen las relaciones patriarcales? ¿Se basan en la explotación de la clase trabajadora? Entonces no nos sirven.

Dejar de lado el tiempo del capital, el colonialismo y el patriarcado y poner la vida en el centro significa vivir acorde a otros tiempos y prioridades. Para ello, tenemos que recuperar la capacidad de decidir sobre el tiempo: luchar por proyectos de vida que no nos quieran esclavas del mercado laboral; llevar a cabo proyectos de convivencia que no reproduzcan el modelo patriarcal de familia; modelos de consumo y producción desarrollados con respeto hacia la tierra y la vida, que no perpetúen relaciones extractivistas imperialistas y coloniales; relaciones laborales que no se basen en la explotación...

---

23. *Buru* (cabeza, en euskera) y *jabe* (dueña, en euskera). *Burujabe* significaría «dueña de una misma».

Una premisa de los feminismos es que todos los seres humanos compartimos una característica: somos interdependientes. Es decir, que nadie es del todo autónomo, totalmente independiente, ya que esto es un mito del capitalismo y de la modernidad. A lo largo de nuestras vidas podremos obtener mayores niveles de autonomía, pero esta estará cuestionada constantemente, porque es muy frágil. Podemos enfermar en cualquier momento; y, según vaya avanzando la vida, el nivel de autonomía se irá reduciendo. Por tanto, a lo largo de la vida nos necesitaremos unas a otras, inevitablemente.

Si somos dependientes unas de otras, todas y cada una de nosotras debemos responsabilizarnos en este sentido. No cuidar no es una opción, porque no cuidar no es un derecho: porque solo quien está en una situación de poder puede permitírselo. Y es que no hay capacidad de decisión. Porque no hay soberanía sobre el tiempo. Si nosotras no cuidamos, alguien tendrá que hacerlo. Porque para que la vida siga adelante alguien tiene que sostenerla.

El derecho colectivo al cuidado, sin embargo, nos interpela a que todas las personas nos impliquemos. Es una invitación a pasar del modelo de ciudadanía basado en el *homo economicus*, el ya citado «hombre ganador de pan», al modelo *vulnerabilis*, un modelo social basado en la vulnerabilidad. Un modelo que dará el salto de las ciudades al campo y de la acumulación de capital a la vida. Por tanto, frente al estado de bienestar nos toca soñar e imaginar otro tipo de estructuras y formas de organización, ya que el modelo actual funciona con una receta caduca y que no nos sirve.

Y una vez más nos asaltan las preguntas: ¿qué clase de sociedad construiríamos si los derechos no se derivaran del mercado, sino de la implicación que tenemos en el cuidado? ¿Y si construyésemos una sociedad que no se basase en el modelo patriarcal de la familia? ¿Y si creásemos un modelo que no estuviese basado en una única y hegemónica nacionalidad o lengua?

Para luchar por todo esto, sería muy interesante y tendría un gran potencial crear espacios y tiempos que permitan generar puentes para la alianza y la colaboración. La lucha contra ese modelo hegemónico de ciudadanía podría suponer la colaboración entre diversos sujetos: y es que el modelo vigente es un modelo basado en la explotación capitalista, colonial-racista y patriarcal. Además, esa lucha no hay por qué entenderla como algo abstracto o teórico, sino como algo que hay que combatir desde la propia vida. Hoy, es el ámbito del trabajo de cuidados, entre otros, lo que une todas esas opresiones, ya que es una cruda expresión de todas ellas. Si las luchas del siglo XIX fueron las del proletariado, es posible que las luchas del siglo XXI sean las del cuidatoriado[24].

En este sentido, tendremos que inventar y probar recetas y fórmulas para hacer frente a la triple presencia. En estas líneas hemos conocido varias vivencias, ideas, estrategias que nos permiten vivir en una triple presencia y transformar la realidad... El reto que se nos presenta ahora es responder a todo esto de forma colectiva.

Sigamos, pues, en movimiento, a través del conflicto del tiempo.

---

24. «Cuidatoriado», concepto construido a partir de la palabra «proletariado». Es una propuesta conceptual desarrollada por la economista María Ángeles Durán (2018) que quiere poner de manifiesto el carácter y valor de los trabajos de cuidados.

Bibliografía

Adam, Bárbara, 1999. «Cuando el tiempo es dinero. Racionalidades de tiempo conflictivas y desafíos a la teoría y la práctica del trabajo». *Sociología del Trabajo*, 37: 5-39.

—— 1995. *Timewatch: The Social Analysis of Time*. Cambridge: Polity Press.

Agirre-Miguélez, Amaia, 2014. *Negoziazio prozesuak bikote eredu berdinzaleetan*. Doktorego tesia. Euskal Herriko Unibertsitatea. Soziologia eta Gizarte Langintza Saila.

Agirrezabala, Marta y Amuriza, Xabier, 2001. *La mujer en Euskal Herria. Hacia un feminismo propio*. Donostia: Basandere Argitaletxea.

Ajenjo, Marc y García, Joan, 2014. «Cambios en el uso del tiempo de las parejas ¿Estamos en el camino hacia una mayor igualdad?». *Revista Internacional de Sociología* 72 (2): 453-76.

Arneil, Barbara, 2006. «Just Communities. Social Capital, Gender and Culture». En: B.

O'Neill y E. Gidengil, ed., *Gender and Social Capital*. Londres: Routledge, 15-43.

Astelarra, Judith, 1990. *Participación política de las mujeres*. Madrid: Centro de Investigaciones Sociológicas.

Azpiazu, Jokin, 2017. *Masculinidades y feminismo*. Barcelona: Virus.

Balbo, Laura, 1994. «La doble presencia». En: C. Boderías, C. Carrasco y C. Alemany, ed., *Las mujeres y el trabajo. Rupturas conceptuales*. Barcelona: Icaria, 505-513.

Bimbi, Franca, 1999. «Measurement, quality and social changes in reproduction time. The twofold presence of women and the gift economy». En: O. Hufton y G. Kravaritou-Manitake, ed., *Gender and the use of time*. The Hague: Kluwer Law International, 151-171.

Bittman, Michael y Wajcman, Judy, 2000. «The Rush Hour: The Character of Leisure Time and Gender Equity». *Social Forces*, 79 (1): 165-189.

Bofill, Silvia, 2013. «Género, cuidado y ciudadanía: la sostenibilidad social y económica de los cuidados desde una perspectiva global». En: S. Narotzky, ed., *Economías cotidianas, economías sociales, economías sostenibles*. Barcelona: Icaria, 367-382.

Bryson, Valery, 2007. *Gender and the politics of time: feminist theory and contemporary debates*. Bristol, Reino Unido: The Policy Press.

Callejo, Javier y Prieto, Carlos, 2015. «Distribución y organización de los tiempos de trabajo, cuidados y ocio con una perspectiva de género». En: *Trabajo, cuidados, tiempo libre y relaciones de género en la sociedad española.*, Prieto, C. (ed.), Madrid: Cinca, Biblioteca Ciencias Sociales, 53-86.

Carabine, Jean, 1992. «'Constructing women': Women's sexuality and social policy». *Critical Social Policy,* 12 (34): 23-37.

Coffé, Hilde y Bolzendahl, Catherine, 2010. «Same Game, Different Rules? Gender Differences in Political Participation». *Sex Roles,* 69: 318-333.

Coltrane, Scott, 2000. «Research on household labor: Modeling and measuring the social embeddedness of routine family work». *Journal of Marriage and the Family,* 62: 1208-33.

Cordoni, Elena, 1993. «Las mujeres cambian los tiempos». *Cuadernos de Relaciones Laborales,* 2: 281-99.

Craig, Lyn, 2002. *The time cost of parenthood: An analysis of daily workload.* The Social Policy Research Centre, Sídney: University of New South Wales.

Díaz Gorfinkiel, Magdalena, 2008. «El mercado de trabajo de los cuidados y la creación de las cadenas globales de cuidado: ¿cómo concilian las cuidadoras?». *Cuadernos de Relaciones Laborales*, 2: 71-89.

Durán, María Ángeles, 2018. *La riqueza invisible del cuidado*. Valencia: Universitat de València. Servei de publicacions.

Eckho Andresen, Martin y Nix, Emily, 2019. «What causes the child penalty? Evidence from SameSex couples and policy reforms». Disponible en: https://www.dropbox.com/s/1fog8kza4ozkd89/child_penalty_samesex_latest.pdf?dl=0 [23/03/2020].

Federici, Silvia, 2017a. *Soldataren patriarkatua. Marxismoari egindako kritika feministak*. Iruñea: Katakrak.

—— 2017b. *Caliban eta sorgina. Emakumeak, gorputza eta metatze primitiboa*. Donostia: Eskafandra.

Fitzpatrick, Tony, 2004. «Social policy and time». *Time & Society*, 13 (2-3) (09/01; 2016/12): 197-219.

Flaquer, Luis y Escobedo, Anna, 2014. «Licencias parentales y política social de la paternidad en España». *Cuadernos de Relaciones Laborales*, 32 (1): 69-99.

García Linera, Álvaro, 2017. *¿Qué es una revolución? De la revolución Rusa de 1917 a la revolución en nuestros tiempos*. La Paz: Vicepresidencia del Estado, Presidencia de la Asamblea Legislativa Plurinacional de Bolivia.

García Sainz, Cristina, 2016. «Oportunidades y retos para la conciliación: ¿hacia qué modelo de organización social queremos avanzar?». Gipuzkoako Foru Aldundia, Berdintasuna eta Kontziliazioa Kongresua, Donostia, 27-28 de octubre.

Gershuny, Jonathan, 2000. *Changing Times: Work and Leisure in Postindustrial Society*. Nueva York: Oxford University Press.

González, María José y Jurado Guerrero, Teresa, 2009. «¿Cuándo se implican los hombres en las tareas domésticas? Un análisis de la Encuesta de Empleo del Tiempo». *Panorama Social*, 2: 65-81.

Hartmann, Heidi, 1980. «Un matrimonio mal avenido. Hacia una unión más progresiva entre feminismo y marxismo». *Zona Abierta*, 24: 85-113.

Hernández, Jone Miren, 2008. *Hacia una cartografía de la participación invisible. Proyectando mapas para la intervención local de las mujeres*. Barcelona.

Hochschild, Arlie R. y Machung, Anne, 2003 [1989]. *The second shift: Working Families and the Revolution at Home.* Londres: Penguin Books.

Iradi, Josu, 2015. Aurkezpena. En: M. Legarreta, ed., *Bi hamarkadako gizarte-aldaketa Euskal AEn denboraren erabileraren bitartez. 1993-2013. Denbora Aurrekontuen Inkesta.* Vitoria-Gasteiz: Eustat, 3-4.

Legarreta, Matxalen y García Sainz, Cristina, 2015. «Familiak eta etxeko lanen banaketa». En: M. Legarreta, ed., *Bi hamarkadako gizarte-aldaketa Euskal AEn denboraren erabileraren bitartez. 1993-2013. Denbora Aurrekontuen Inkesta.* Vitoria-Gasteiz: Eustat, 113-148.

Legarreta, Matxalen, 2013. «El tiempo como herramienta para la economía feminista. Una propuesta a partir del estudio del trabajo doméstico y los cuidados». IV Congreso de Economía Feminista, Sevilla.

—— 2014. «Cuidados y sostenibilidad de la vida: Una reflexión a partir de las políticas de tiempo». *Papeles del CEIC,* 1: 1-36.

Legarreta, Matxalen y Sagastizabal, Marina, 2020. *Tiempo, ciudadanía y desigualdades.* Dossier del Tiempo, Barcelona: Ajuntament de Barcelona.

Lewis, Jane, 2002. «Gender and welfare state change». *European Societies,* 4 (4): 331-357.

Lovenduski, Joni, 2002. «Feminizing Politics». *Women: A Cultural Review,* 13:2, 207-220.

Martell, Michael E., y Roncolato, Leanne, 2016. «The homosexual lifestyle: Time use in same-sex households». *Journal of Demographic Economics,* 82 (4): 365-98.

Martín Criado, Enrique y Prieto, Carlos, 2015. *Conflictos por el tiempo. Poder, relación salarial y relaciones de género.* Madrid: CIS.

Mestre i Mestre, Ruth M., 2002. «Trabajadoras migrantes y negociación de la igualdad en lo doméstico». *Cuadernos de geografía,* 72: 191-206.

Moreno-Colom, Sara y Borràs, Vicent, 2013. *El temps de treball remunerat i no remunerat, ampliació de resultats de l'Enquesta de l'Us del Temps 2010-2011.* Universitat Autònoma de Barcelona: Centre d'Estudis Sociològics sobre la Vida Quotidiana i el Treball.

Murillo, Soledad, 1996. *El mito de la vida privada. De la entrega al tiempo propio.* Madrid: Siglo Veintiuno de España Editores.

Nash, Mary, 1993. «Identidad cultural de género, discurso de la domesticidad y la definición del trabajo de las mujeres en la España del siglo xix». En: G. Duby y M. Perrot, ed., *Historia de las Mujeres*. Madrid: Taurus, 583-592.

Neuhouser, Kevin, 1995. «'Worse Than Men': Gendered Mobilization in an Urban Brazilian Squatter Settlement». *Gender and Society*, 9 (1): 38-59.

Núñez, Marta, 2011. *Yo sola me represento. De cómo el empleo femenino transformó las relaciones de género en Cuba*. La Habana: Instituto Cubano de Investigación Cultural.

Pateman, Carole,1995. *El contrato sexual*. Barcelona: Anthropos.

Pérez Orozco, Amaia, 2011. «Crisis multidimensional y sostenibilidad de la vida». *Investigaciones Feministas*, 1: 29-53.

—— 2006. «Atención zona en obras: construyendo ciudadanía». *El Ecologista, La Letra A y Libre Pensamiento*.

Perrot, Michelle, 1990. «El elogio del ama de casa en el discurso de los obreros franceses del siglo xix». En: James S. Amelang, Mary Nash ed., Historia y género: Las mujeres en la Europa moderna y contemporánea, 241-265. Valencia: Edicions Alfons el Magnànim.

Razavi, Shahra, 2007. «The political and social economy of care in a development context: Conceptual issues, research questions and policy options». United Nations Research Institute for Social Development (UNRISD).

Riechmann, Jorge, 2001. «Colisión de tiempos. La crisis ecológica en su dimensión temporal». *Mientras Tanto,* 82: 95-115.

Rotolo, Thomas, 2000. «A Time to Join, A Time to Quit: The Influence of Life Cycle Transitions on Voluntary Association Membership». *Social Forces,* 78(3): 1133-1161.

Sagastizabal, Marina y Luxán, Marta, 2015. «Generoa eta denboraren erabilera». En: M. Legarreta, ed., *«Bi hamarkadako gizarte-aldak eta Euskal AEn denboraren erabileraren bitartez». 1993-2013. Denbora Aurrekontuen Inkesta.* Vitoria-Gasteiz: Eustat, 385-423.

Salazar, Cecilia; Jiménez, Elisabeth y Wanderley, Fernanda, 2010. *Migración, cuidado y sostenibilidad de la vida.* Bolivia: CIDES-UMSA.

Scott, Joan Wallach, 1993. «La mujer trabajadora en el siglo XIX». En: G. Duby y M. Perrot, ed., *Historia de las mujeres.* Madrid: Taurus, 427-461.

Soysal, Yasemin, 2010. «Hacia un modelo de pertenencia posnacional». En: Y. Soysal, R. Bauböck, L. Bosniak, I. Barbero González y L.J. Ariza, ed., *Ciudadanía sin nación.* Bogotá: Siglo del Hombre, 123-174.

Stolle, Dietlin y Micheletti, Michelle, 2006. «The Gender Gap Reversed: Political Consumerism as a Women-Friendly Form of Civic and Political Engagement». En: B. O'Neill y E.

Gidengil, ed., *Gender and Social Capital*. Londres: Routledge, 45-72.

Thompson, Edward, 1979. *Tradición, revuelta y conciencia de clase*. Barcelona: Crítica.

Torns, Teresa; Borràs, Vicent; Moreno-Colom, Sara y Recio, Carolina, 2006. *Las políticas del tiempo: Un debate abierto*. Barcelona: Dossier de Usos del Tiempo.

Verge, Tània y Tormos, Raül, 2012. «La persistencia de las diferencias de género en las actitudes políticas». *REIS*, 138: 89-108.

West, Candance, y Zimmerman, Don H., 1987. «Doing gender». *Gender and Society* 1 (2): 125-51.

Este libro,
LA TRIPLE PRESENCIA.
CUIDADOS, EMPLEO Y PARTICIPACIÓN SOCIOPOLÍTICA,
se terminó de diseñar, componer y maquetar en Monreal-Elo,
utilizándose la familia tipográfica Celeste
creada digitalmente por Chris Burke en 1990,
coincidiendo con la presentación del primer informe elaborado
por la iniciativa Talaia Feminista, que año a año analizará
la coyuntura de Euskal Herria desde una perspectiva feminista
y soberanista, para identificar las señales de alerta y los faros
en el camino hacia la transición feminista.

Aurkeztu dizugun liburuaren eduki, itxura edo inprimaketari buruzko iritzia guri helarazi nahi izanez gero, bidal iezaguzu. Zinez eskertuko dizugu.

La Editorial le quedará muy reconocida si usted le comunica su opinión acerca del libro que le ofrecemos, así como sobre su presentación e impresión. Le agradecemos también cualquier otra sugerencia.

EDITORIAL TXALAPARTA S.L.L.
San Isidro 35
31300 TAFALLA
Nafarroa
Tfno.: 948 70 39 34
info@txalaparta.eus
www.txalaparta.eus